～戦争はなぜ始まり　どう終わるのか～

池上彰の戦争を考える

- 戦争終わらせることの難しさ
- 戦争を起こした独裁者と熱狂
- あの言葉が社会を変えた
- 戦争をどう伝えたのか?
- 悲劇が生み出した言葉
- いま、日本は　世界は――?

池上彰＋
テレビ東京報道局

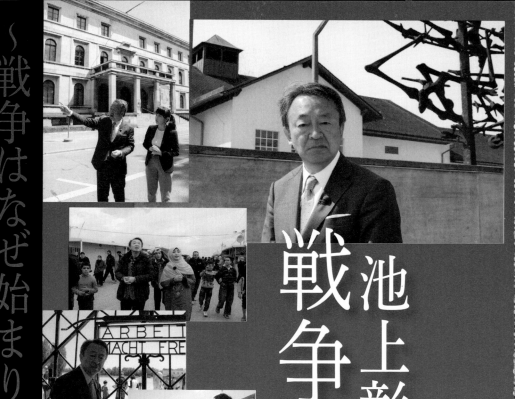

はじめに

２０１０年からテレビ東京で放送してきた「池上彰の戦争を考えるスペシャル」も毎年回を重ね、今年で6回目となります。終戦から70年目の節目を迎える２０１５年。今回の放送では、〝教科書に載っていない〟と題した特製年表を用意してみました。本書でも巻頭に掲載しています。この年表を見ると、第１次世界大戦が勃発した１９１４年から、世界はいまだ１００年に及ぶ戦争の中にいることが実感できます。

「なぜ戦争が始まり、どう終わるのか」

取材を重ねる中で見えてきたのは、平和を願いながらも、多くの国民は日本の開戦に沸き立っていたということ。もちろん、時代の動きを冷静に見つめ、これとは違った反応をしたジャーナリストもいましたが、「空気」とは恐ろしいものです。そして、戦争は始めるより終えることのほうが難しいということです。

★ 池上彰の戦争を考えるスペシャル（SP）

第1弾 戦争はなぜ始まり どう終わるのか（2010年）

第2弾 こうして戦争は終わり、戦後の復興が始まった（2011年）

第3弾 戦争を起こした独裁者と熱狂（2012年）

第4弾 戦争をどう伝えたのか？（2013年）

第5弾 悲劇が生み出した「言葉」（2014年）

第6弾 教科書に載っていない20世紀 ~あの「言葉」が世界を変えた!?~（2015年）

※本書は、2010年から毎年夏に6回放送されてきたテレビ東京「池上彰の戦争を考えるSP」を再構成し、大幅に加筆したものです。一部、池上彰・著の角川新書『知らないと恥をかく世界の大問題』シリーズ、『池上彰の「経済学」講義』『池上彰が読む「イスラム」世界』（いずれもKADOKAWA）の内容を参考にしています。

２０１５年の放送では、リーダーたちの演説に注目しました。ドイツの元大統領ヴァイツゼッカーは、「後になって過去を変えたり、起こらなかったことにするわけにはいきません。過去に目を閉ざす者は結局のところ、現在にも盲目となるのです。非人間的な行為を心に刻もうとしない者は、またそうした危険に陥りやすいのです。（中略）これを我々は自らの歴史から学びます」と語りました。番組の最後で取り上げたこの演説は、ドイツ敗戦から40年という節目に行われたものです。

戦後70年。あの戦争を知る方々も高齢となり、戦争体験を語り継ぐ点からも、日本は大きな岐路に立たされています。

本書では、日本がアメリカと戦った太平洋戦争へとつながる満州事変から、ヨーロッパにおける第２次世界大戦、さらに、その後の戦争なども取り上げました。

私たちが世界の人々とともに平和に生きるために何ができるのか、本書がそれを考えるきっかけになれば幸いです。

２０１５年７月

ジャーナリスト・東京工業大学教授　池上　彰

★ テレビ東京／池上彰の報道特番

http://www.tv-tokyo.co.jp/ikegamiakira/

テレビ東京制作・放送の「池上彰の報道特番」の最新情報とこれまでの放送内容がサイトにまとめられている。

第1弾
戦争はなぜ始まり
どう終わるのか（2010年）
はDVDも発売中
（3800円・税抜き）

番組は「テレビ東京ビジネスオンデマンド」で配信中

目次

デザイン／國分 陽
カバー写真／福田裕昭（テレビ東京）
写真／福田裕昭（テレビ東京）、ダイナマイトレボリューションカンパニー、アフロ
模型デザイン（番組）／植松淳
イラスト／斉藤重之
編集協力／八村晃代
制作協力／大滝奈緒子（ブラン・グラフ）

※本書は、2015年7月中旬時点のニュースなどをもとに制作しています。

アジア・太平洋戦争の戦線

1941（昭和16）年12月8日の真珠湾攻撃で始まった太平洋戦争。
現在、歴史学上では、第2次世界大戦の中の
アジア・太平洋戦争と呼ばれるようになっています。
その戦争はいったいどこで行われていたのか、
その戦線を確認しておきましょう。

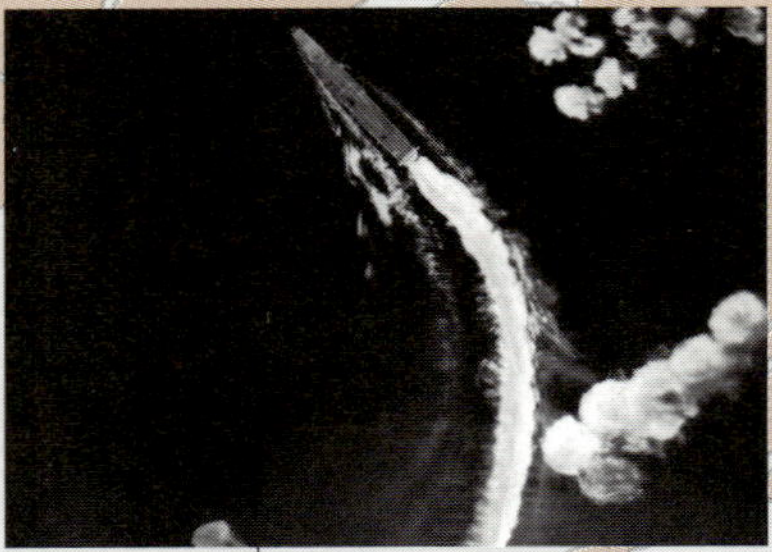

❷ ミッドウェー海戦、
攻撃を受ける日本の空母。

❶ 真珠湾攻撃で沈没するアリゾナ（1941年12月8日）。

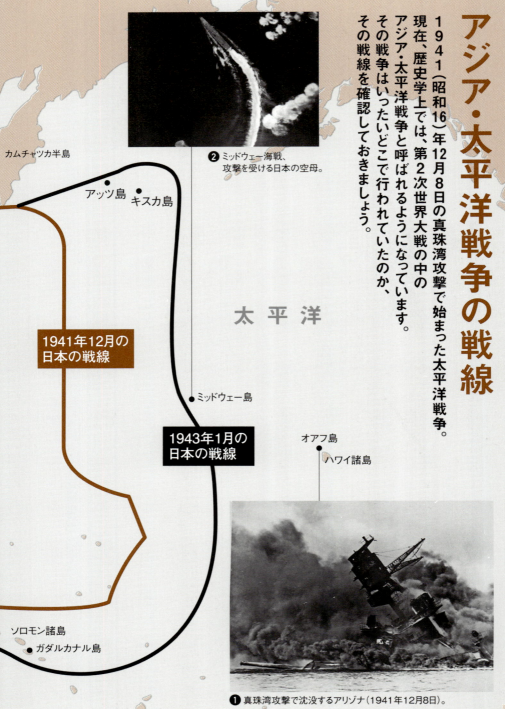

❹原爆投下後の広島。

❺玉音放送を聞く人々。

❸沖縄戦（1945年3月26日から始まる）。

※国名、地名は当時のもの。
写真提供は、①②＝近現代PL/アフロ、③④⑤＝AP/アフロ

100年戦争年表

2015年は第2次世界大戦終結から70年の節目の年です。現在も世界各地では戦争が起こっています。この現代の戦争や、これからを考えるとき、戦後70年だけでなく、第1次世界大戦勃発の1914年からの約100年間に、世界で何が起こり、なぜ二度の悲惨な世界戦争に向かっていったのかを考える必要があるのです。この100年間を「100年戦争」ととらえて考えてみましょう。

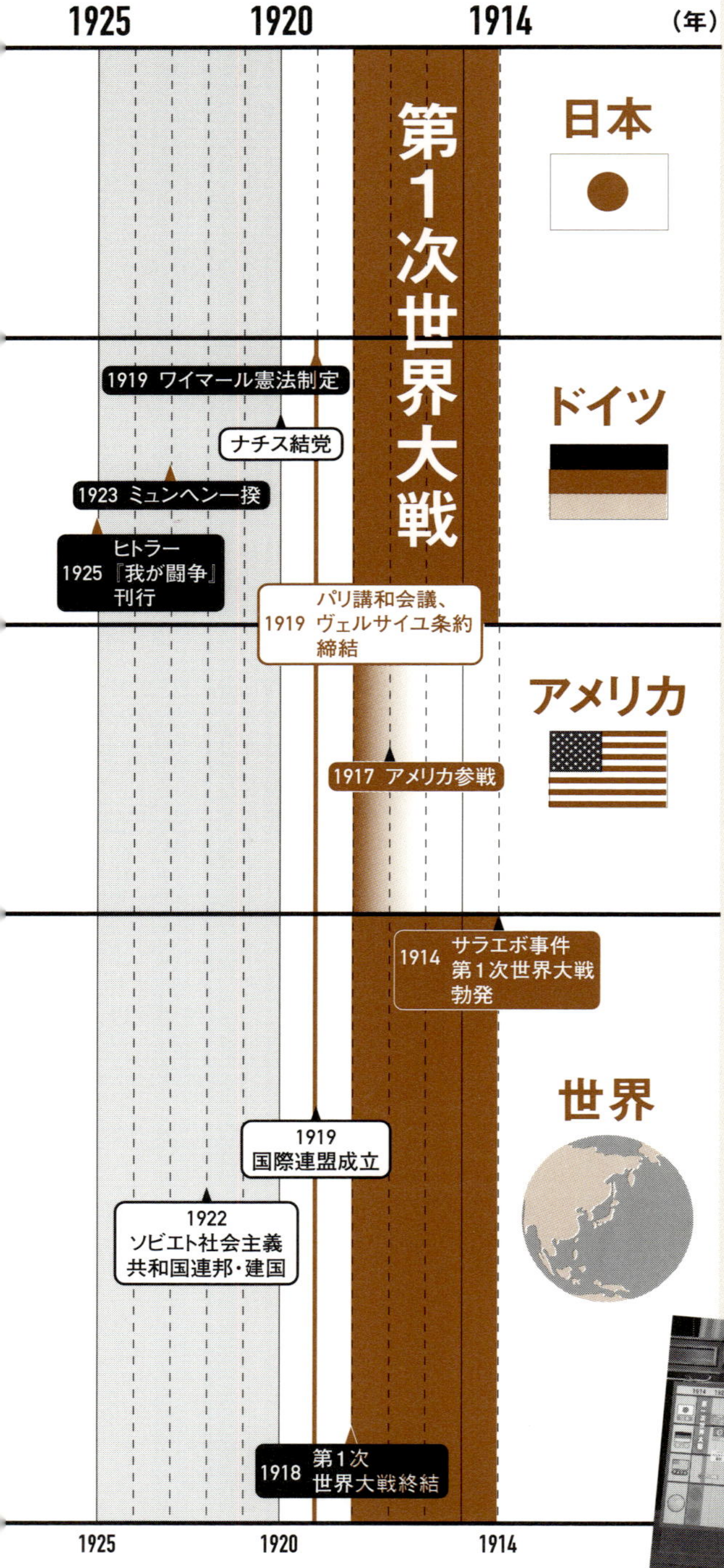

年表は、日本、ドイツ、アメリカ、そしてその他の国で起きた戦争に分けています。
（濃い帯）は、国と国が争ったもの、
（薄い帯）は、内戦、または国境をめぐる戦争を示しています。

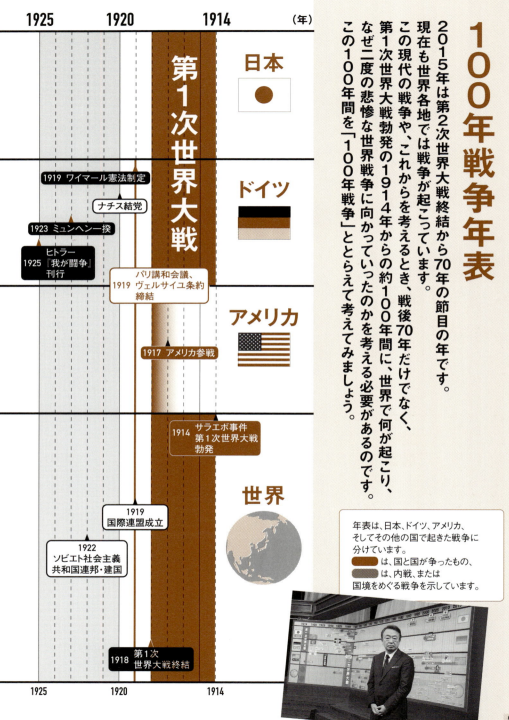

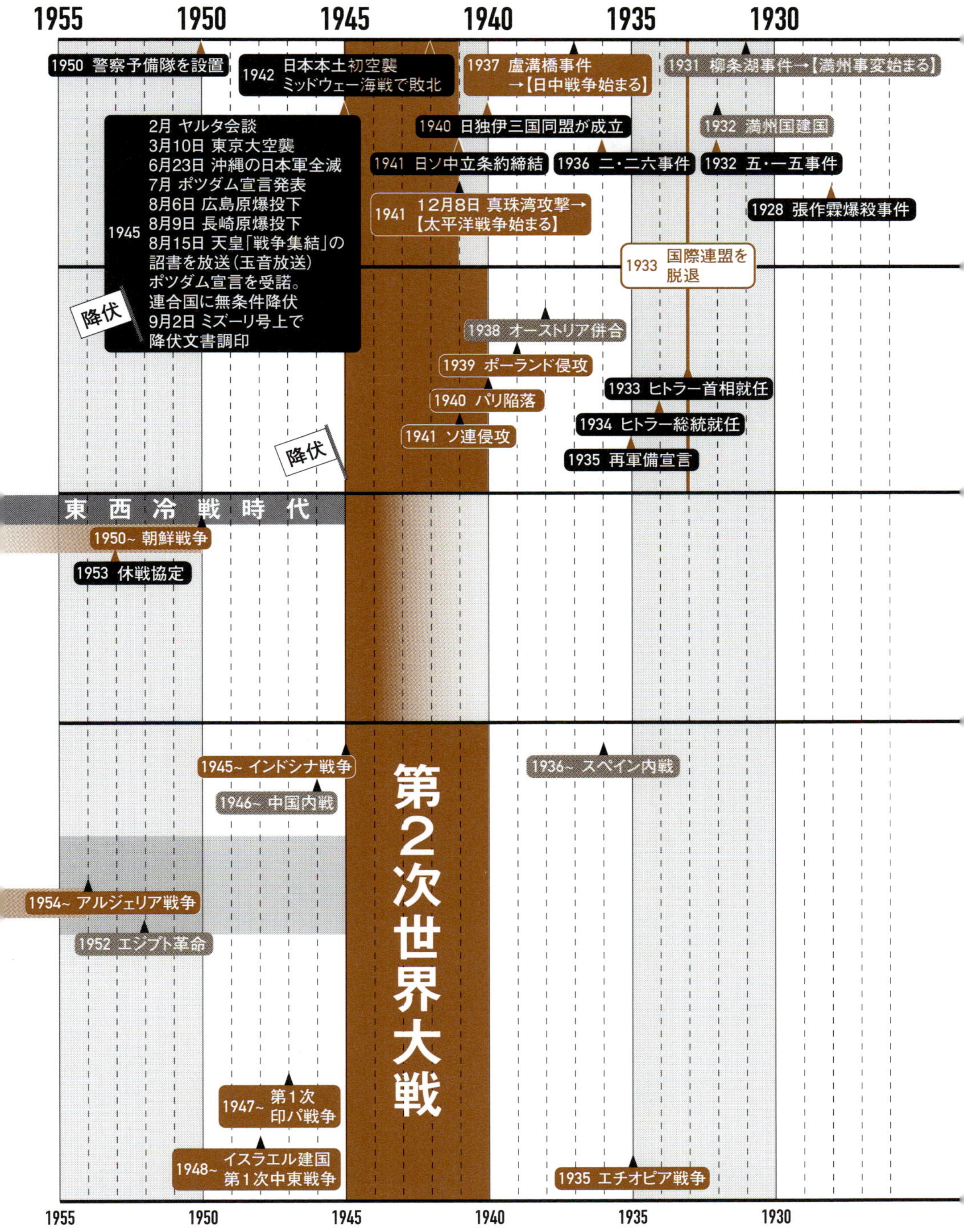
1955
1950
1945
1940
1935
1930
1950 警察予備隊を設置
1942 日本本土初空襲
ミッドウェー海戦で敗北
1937 盧溝橋事件
→【日中戦争始まる】
1931 柳条湖事件→【満州事変始まる】
1945
2月 ヤルタ会談
3月10日 東京大空襲
6月23日 沖縄の日本軍全滅
7月 ポツダム宣言発表
8月6日 広島原爆投下
8月9日 長崎原爆投下
8月15日 天皇「戦争集結」の
詔書を放送（玉音放送）
ポツダム宣言を受諾。
連合国に無条件降伏
9月2日 ミズーリ号上で
降伏文書調印
降伏
1940 日独伊三国同盟が成立
1932 満州国建国
1941 日ソ中立条約締結
1936 二・二六事件
1932 五・一五事件
1941 12月8日 真珠湾攻撃→
【太平洋戦争始まる】
1928 張作霖爆殺事件
1933 国際連盟を
脱退
1938 オーストリア併合
1939 ポーランド侵攻
1933 ヒトラー首相就任
1940 パリ陥落
1934 ヒトラー総統就任
1941 ソ連侵攻
降伏
1935 再軍備宣言
東西冷戦時代
1950~ 朝鮮戦争
1953 休戦協定
1945~ インドシナ戦争
1936~ スペイン内戦
1946~ 中国内戦
第2次世界大戦
1954~ アルジェリア戦争
1952 エジプト革命
1947~ 第1次
印パ戦争
1948~ イスラエル建国
第1次中東戦争
1935 エチオピア戦争
1955
1950
1945
1940
1935
1930

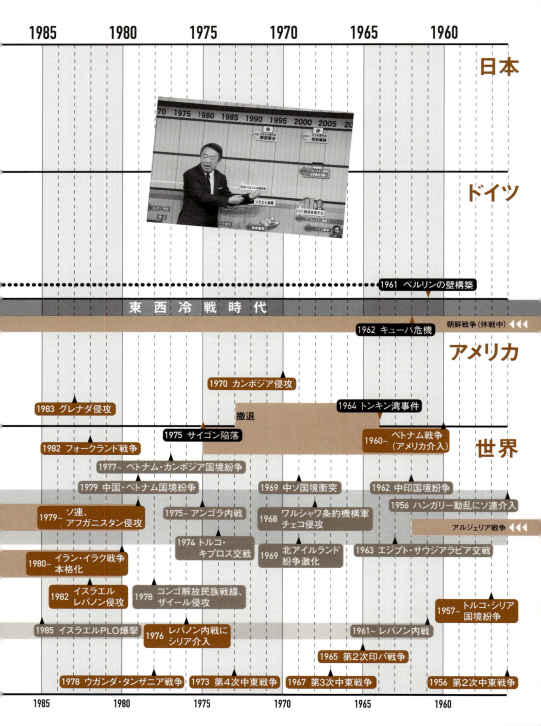

1985 1980 1975 1970 1965 1960

日本

ドイツ

1961 ベルリンの壁構築

東西冷戦時代

朝鮮戦争（休戦中）

1962 キューバ危機

アメリカ

1970 カンボジア侵攻

1983 グレナダ侵攻

1964 トンキン湾事件

撤退

1975 サイゴン陥落

1960~ ベトナム戦争（アメリカ介入）

世界

1982 フォークランド戦争

1977~ ベトナム・カンボジア国境紛争

1979 中国・ベトナム国境紛争

1969 中ソ国境衝突

1962 中印国境紛争

1956 ハンガリー動乱にソ連介入

1979~ ソ連、アフガニスタン侵攻

1975~ アンゴラ内戦

1968 ワルシャワ条約機構軍チェコ侵攻

アルジェリア戦争

1974 トルコ・キプロス交戦

1969 北アイルランド紛争激化

1963 エジプト・サウジアラビア交戦

1980~ イラン・イラク戦争本格化

1982 イスラエルレバノン侵攻

1978 コンゴ解放民族戦線、ザイール侵攻

1957~ トルコ・シリア国境紛争

1985 イスラエルPLO爆撃

1976 レバノン内戦にシリア介入

1961~ レバノン内戦

1965 第2次印パ戦争

1978 ウガンダ・タンザニア戦争

1973 第4次中東戦争

1967 第3次中東戦争

1956 第2次中東戦争

1985 1980 1975 1970 1965 1960

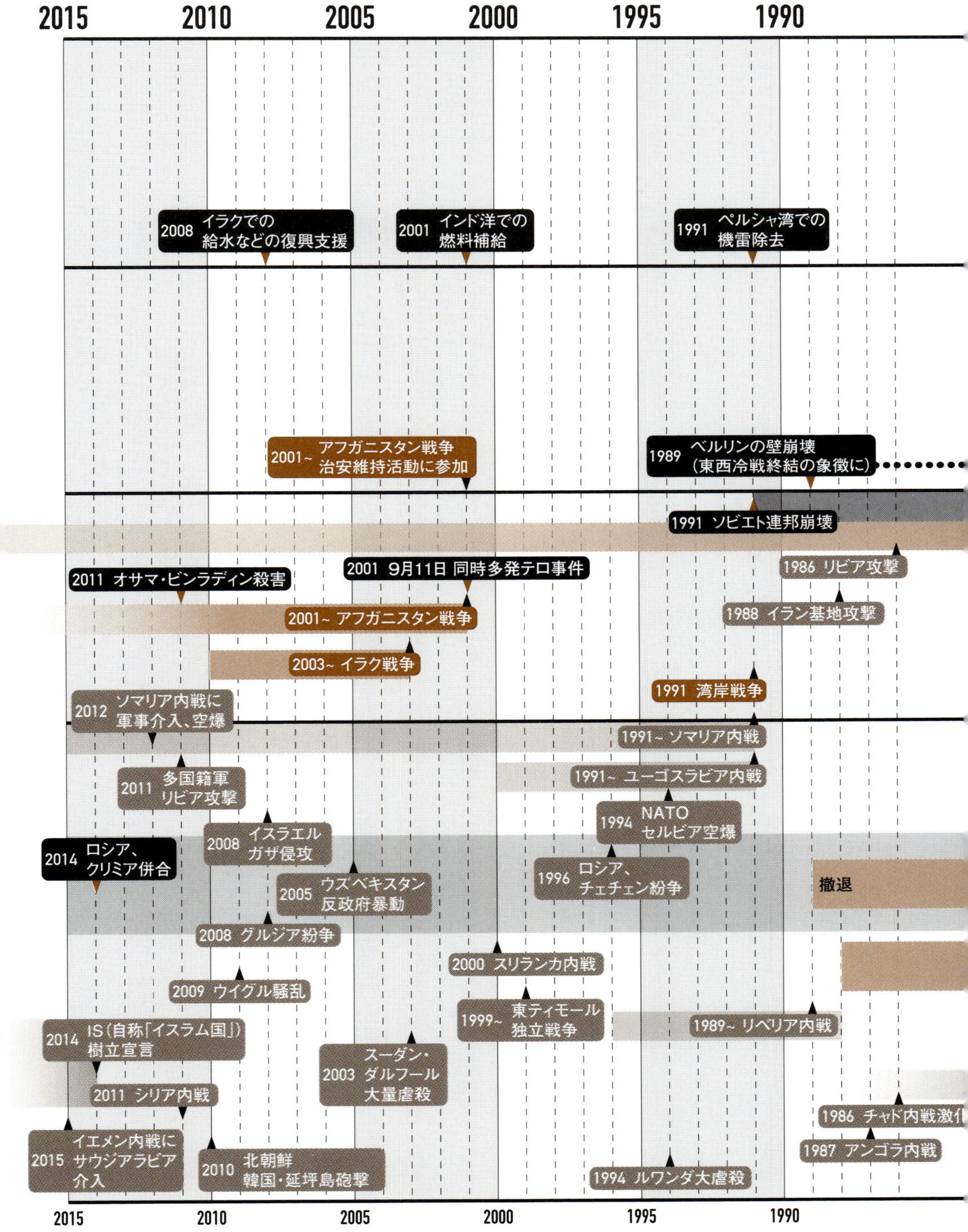
2015
2010
2005
2000
1995
1990
2008 イラクでの給水などの復興支援
2001 インド洋での燃料補給
1991 ペルシャ湾での機雷除去
2001~ アフガニスタン戦争治安維持活動に参加
1989 ベルリンの壁崩壊（東西冷戦終結の象徴に）
1991 ソビエト連邦崩壊
2011 オサマ・ビンラディン殺害
2001 9月11日 同時多発テロ事件
1986 リビア攻撃
2001~ アフガニスタン戦争
1988 イラン基地攻撃
2003~ イラク戦争
1991 湾岸戦争
2012 ソマリア内戦に軍事介入、空爆
1991~ ソマリア内戦
1991~ ユーゴスラビア内戦
2011 多国籍軍リビア攻撃
1994 NATOセルビア空爆
2008 イスラエルガザ侵攻
2014 ロシア、クリミア併合
1996 ロシア、チェチェン紛争
撤退
2005 ウズベキスタン反政府暴動
2008 グルジア紛争
2000 スリランカ内戦
2009 ウイグル騒乱
1999~ 東ティモール独立戦争
1989~ リベリア内戦
2014 IS（自称「イスラム国」）樹立宣言
2003 スーダン・ダルフール大量虐殺
2011 シリア内戦
1986 チャド内戦激化
1987 アンゴラ内戦
2015 イエメン内戦にサウジアラビア介入
2010 北朝鮮韓国・延坪島砲撃
1994 ルワンダ大虐殺
2015
2010
2005
2000
1995
1990

Column 1

2015年で終戦から70年。あの戦争を何と呼ぶか?

日本とアメリカが太平洋をまたいで死闘を繰り広げた太平洋戦争。あの戦争が終わって2015年で70年の節目を迎えます。

1931（昭和6）年9月18日に勃発した満州事変から、1945（昭和20）年8月14日のポツダム宣言受諾、9月2日の戦艦ミズーリでの降伏文書調印で終結した約15年間に及ぶあの戦争。日本にとっては、長く苦しい戦いの年月でした。さて、あなたはこの「戦争」を、何と呼びますか?

アメリカから見れば、日本との戦争は「太平洋戦争」です。しかし、日本はそれ以前に中国などでも戦争をしていましたから、これを「大東亜戦争」と呼ぶ人もいます。また「十五年戦争」という呼び方もあります。

「十五年戦争」というのは、満州事変（1931年〜）、日中戦争（1937年〜）、太平洋戦争（1941年〜）の3つの戦争の連続性に着目した呼び名です。

一方「大東亜戦争」は、「日本がアジアを欧米の支配から解放する正義の戦争だ」とする場合の呼び名といえます。

戦争の歴史学上の検証はいまも行われています。現在では、歴史学上では、「（第2次世界大戦の中の）アジア・太平洋戦争」と呼ぶことが多くなっています。

呼び方ひとつで、あの戦争をどうとらえているかをうかがい知ることができるのです。

テレビ東京で毎年夏放送されている「池上彰の戦争を考えるSP」では、第2次世界大戦、太平洋戦争はもちろん、いまだ争いが絶えない現代の戦争も取り上げ、戦争と向き合ってきた。

第1章

戦争はなぜ始まり どう終わるのか

第2弾の放送では、緊迫のイラクからのレポートを届けた。池上、渾身取材。

第1章
戦争はなぜ始まりどう終わるのか

1

第2次世界大戦と太平洋戦争はイコールではない

第2次世界大戦が始まったのは1939年9月1日。太平洋戦争が始まったのは1941年12月8日です。この2つの戦争は違うということから話を始めましょう。

「第2次世界大戦」と「太平洋戦争」は同じ戦争なのか、違う戦争なのか、さて、あなたは明確に答えられますか？

第2次世界大戦とは、ドイツのアドルフ・ヒトラー★率いるナチス・ドイツが1939年9月1日、ポーランドに侵攻。当時ポーランドと同盟を結んでいたイギリスとフランスが、ドイツに宣戦布告して始まった戦争です。

つまりこの時点では、日本は第2次世界大戦に関わっていないのです。第2次世界大戦は、あくまでヨーロッパの戦争でした。

ところがその翌年、日本はドイツ、イタリアと軍事同盟「三国同盟★」を結びます。第2次世界大戦で、ドイツはイギリスやフランスと戦っていたのですから、日本がドイツと軍事同盟を結んだということは、日本はとりもなおさず、

★アドルフ・ヒトラー　1889～1945年。ドイツの政治家、民主的な選挙で選ばれたが、ナチス党の党首として独裁を行う。

★三国同盟　1940年9月に調印。この同盟により、日米の対立は決定的となり、太平洋戦争に至ることとなる。

イギリスやフランスを敵に回したということになります。

そのとき、日本はアジアにおいて「日中戦争」を戦っていました。日本が日中戦争を続けていることを非難したのがアメリカです。アメリカは１９４１年、「このまま続けるなら、石油をもう売ってやらないぞ」と、日本への石油の輸出を禁止しました。

当時の日本は、石油の約80％をアメリカに頼っていました。アメリカから石油を買って、日中戦争を戦うための戦艦や空母、戦車を動かしていたのです。禁輸されたら、それらを動かす燃料がなくなってしまう。そうなる前に石油を確保しようと、日本は真珠湾攻撃より早くマレー半島に上陸し、東南アジアへの侵攻を開始します。

１９４１年11月、日本はアメリカから「ハル・ノート★」を提示されました。ハルとは、当時のアメリカのコーデル・ハル国務長官のこと。ノートはノートブックのノートではありません。「覚書」で、そこには「中国大陸から無条件で撤退しなさい」、あるいは「三国同盟を白紙に戻しなさい」という要求が書かれていました。言ってみれば「最後通牒」です。「それを聞かないとタダではおかないぞ」とアメリカから言われたことによって、ついに日本は真珠湾攻撃に踏み切るのです。これが、太平洋戦争の始まりです。

したがって、日本がアメリカと戦った戦争が「太平洋戦争」であり、太平洋

★ハル・ノート　１９４１年11月、日米の交渉中にアメリカ・ハル国務長官が示したアメリカ側の最終提案。満州事変以前の状態に戻すことなどを要求した。

戦争は「第2次世界大戦の中の、日本とアメリカが戦った戦争」と位置付けることができます。

日本を4カ国で分割統治する案があった!

第2次世界大戦は、最終的に「連合国★」と「枢軸国★」と呼ばれる国々が対決した戦争で、日本は枢軸国として戦い、連合国軍に負けました。

実は70年前、太平洋戦争に敗れた日本を、アメリカ、イギリス、ソビエト、中国の4カ国で分割して統治しようという案がありました。北海道と東北はソビエトが統治、関東から中部にかけてはアメリカが統治、近畿はアメリカと中国★が統治、四国は中国が統治、そして中国地方と九州はイギリスが統治する。

歴史に「もしも」はありませんが、戦後の日本は大変な岐路に立たされていたことがわかります。

★連合国　枢軸国と戦うために連合した国々のこと。

★枢軸国　日本、ドイツ、イタリアを中心に連合国と敵対した国々のこと。1936年イタリア・ムッソリーニ首相の、ヨーロッパの国際関係はローマとベルリンを結ぶ線を「枢軸」として転回するとした演説から名付けられたとされる。

★中国　ここでいう中国は、中華民国（国民党政府）であって、現在の中華人民共和国（共産党）ではない。

ここがポイント!

第2次世界大戦開始時、日本は日中戦争を戦っていた

戦争に負けた日本は、4分割される案もあった

4カ国による分割統治案が存在した!

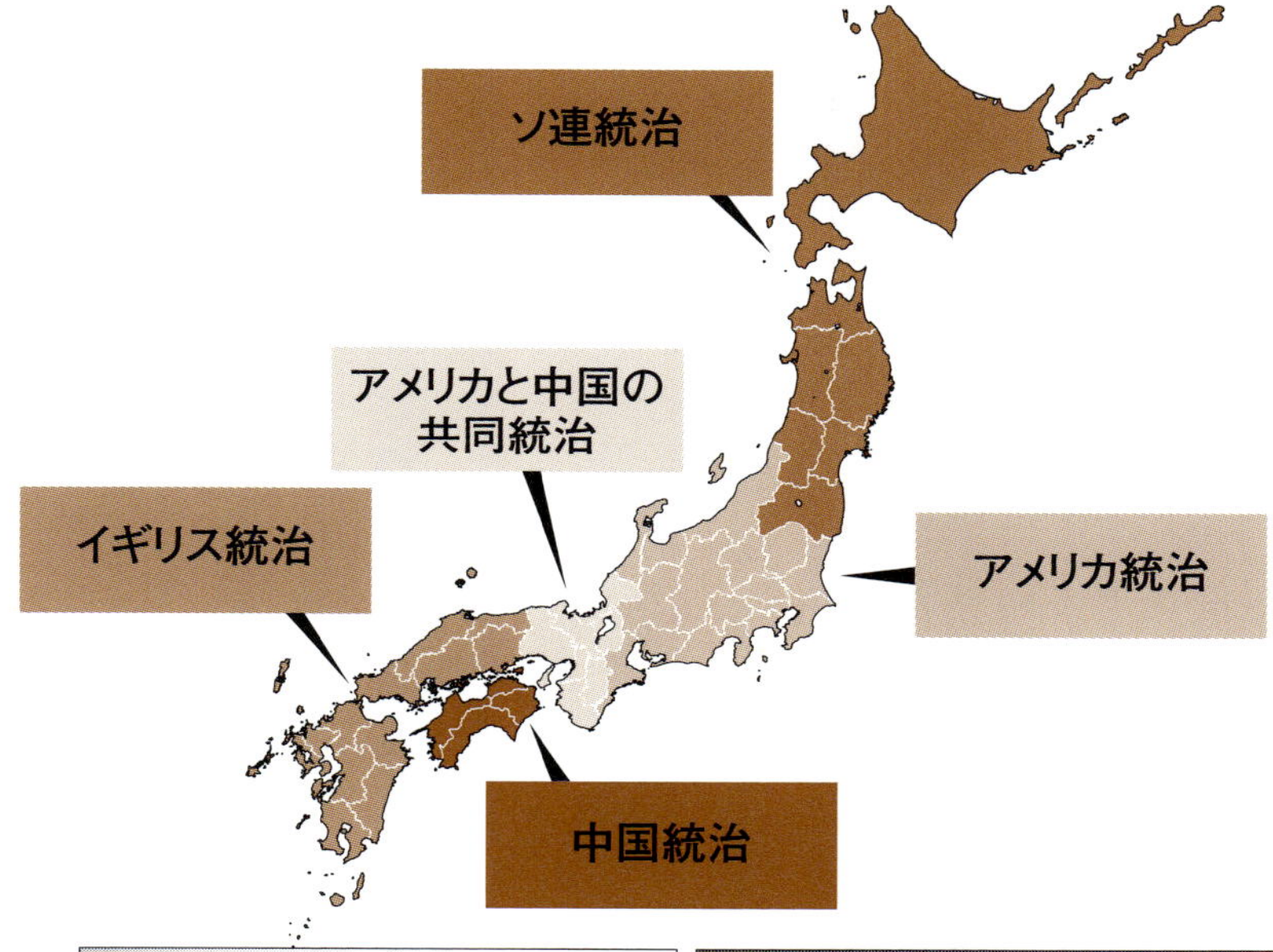

北方領土（択捉島、国後島、色丹島、歯舞群島）は、いまもロシアが実効支配。写真は現在の択捉島、国後島の様子。❶ソ連時代の社会主義の体制の名残か、広い敷地であるにもかかわらず集合住宅が並ぶ国後島。❷国後島の海岸から北海道・知床連山を望む。❸択捉島にある日本人墓地にはロシア人も眠る。❹択捉島に2014年10月にできた新空港。

戦争への道のりを語るうえで欠かせない場所「満州」とは？

太平洋戦争への道のりを考えるうえで、外すことができない場所。それが「満州」です。満州との歴史は日露戦争にまでさかのぼります。その歴史を理解しましょう。

いまとなっては「日本はなぜ勝てない戦争を始めてしまったのか」と不思議に思います。太平洋戦争は避けられなかったのか。

そこで、この戦争の前段から見ていくことにしましょう。

太平洋戦争への道のりを語るうえで、欠かせない場所があります。それは中国東北部に広がる広大な土地「満州」です。「満州」とは、もとはこの土地に住む民族の名前でしたが、やがてこの土地を「満州」と呼ぶようになりました。

満州はロシアと国境を接し、朝鮮半島にもつながっています。

日本がこの満州に進出したのは1904年のこと。日露戦争★に勝利し、ロシアが持っていた中国の「関東州」と「南満州鉄道」の権益を引き継いだのです。

そして1906年には、「南満州鉄道株式会社」を設立。通称「満鉄」は、

★日露戦争　1904～1905年、満州をめぐり日本とロシアが衝突した戦争。日本の勝利に終わり、1905年9月に、アメリカ・ポーツマスにて講和条約を結ぶ。

満州に対する植民地経営に重要な役割を果たした国策会社でした。この地に当時の世界最先端の技術を投入し、炭鉱開発から学校、病院の設立、ホテル経営、上下水道の整備までなんでも行うエリート集団だったのです。

日本人はここに「第2の日本」をつくりたかったのです。政府は、大勢の日本人を満州へ送り込みました。そして、ここに置かれたのが「関東軍」。南満州鉄道を守るため、日本から軍隊を派遣しようということになったのです。「関東軍」というと、日本の関東地方の関東か、と思いきや、そうではありません。中国大陸にも「関東」という場所があったのですね。

日本の「生命線」といわれた満州国

この地で1928年6月4日、事件が起こります。当時、中国の実力者だった北京政府の支配者・張作霖★の乗った列車が爆破されたのです。張作霖は死亡。中国に駐屯していた日本陸軍「関東軍」は、この事件は蒋介石★率いる中国国民党政府軍の仕業だと主張しました。しかし実際は、関東軍の参謀が仕掛けた謀略でした。これが世にいう「張作霖爆殺事件」です。

続いて1931年9月18日の夜、今度は中国軍駐留地近くの南満州鉄道の線路が爆破されました。「柳条湖事件」です。実はこれも、関東軍の自作自演でした。

★張作霖（ちょう・さくりん）
1875〜1928年。中華民国の軍人・政治家、軍閥・奉天派総帥。関東軍のバックアップを受け、北京政府を掌握するまでになる。蒋介石軍が北京に迫ると、勝ち目がないと見た日本の勧めによって奉天に戻るが、途中、関東軍の謀略により爆殺。

写真＝近現代PL/アフロ

★蒋介石（しょう・かいせき）
1887〜1975年。中華民国の政治家・軍人。中国国民党総統。孫文の後継者として北伐を行い、中華民国の統一を果たして同国の最高指導者に。

しかし、関東軍司令官・本庄繁大将はこう明言します。「奉天近郊、柳条湖において、支那正規軍が南満州鉄道を破壊。関東軍はついにやむを得ず国軍の威信確保のため、暴戻《ぼうれい》なる（乱暴な）東北部の中国軍を膺懲《ようちょう》（征伐）するの手段をとるに至ったのであります」

この事件を口実に、関東軍は中国軍駐屯地への攻撃を開始。当時の若槻（禮次郎）内閣★は、これ以上事態を広げない不拡大方針を決定しましたが、関東軍は自衛を装って兵を進め、翌1932年までに満州全域を制圧。これが「満州事変」です。

そして、満州事変からおよそ半年後の1932年3月1日、清朝最後の皇帝「溥儀★」を擁立し、日本は「満州国建国」を宣言します。その実態は関東軍が実権を握る傀儡《かいらい》国家でした。この満州国建国こそが、日本を国際社会から孤立させていくこととなります。

★（第2次）若槻（禮次郎）内閣　1931年4月14日から12月13日まで続いた立憲民政党の内閣。満州事変後、不拡大方針をとるが、関東軍は自衛の名の下に拡大。独断で朝鮮半島の軍に増援要請し、軍が満州へ進んだ。

★（愛新覚羅）溥儀（ふぎ）　1906~1967年。清朝最後の宣統帝。満州国成立後、1934年に満州国皇帝に。その生涯は、映画『ラストエンペラー』（1987年、ベルナルド・ベルトルッチ監督）などでも描かれた。

ここがポイント!

日露戦争に勝利し、日本は満州に進出した

日本は満州を「第2の日本」にしたかった

満州とはどこか?

満州で日本が行ったこと
- 炭鉱開発
- 学校・病院の設立
- ホテル経営
- 上下水道の整備

1931年9月18日に満州事変が勃発。（★）

旧満鉄本社。

旅順にあった関東軍司令部旧跡博物館。

瀋陽にある九・一八歴史博物館

★の写真＝Mary Evans Picture Library/ アフロ

3

日本が国際連盟を脱退 国際社会から孤立していく

満州をめぐり強硬姿勢を崩さない日本。満州を生命線と位置付けた政策は、やがて世界の中で孤立の道をたどり、後戻りできなくなっていきます。

日本はなぜ満州を欲しかったのか。

日本は1910年8月、「日韓併合に関する条約」に基づき、韓国を併合していました。日韓併合へ至る歴史について、簡単におさらいしておきましょう。

日本は1894年に日清戦争★で中国と、1904年に日露戦争でロシアと戦いましたが、それはまさに朝鮮半島をめぐる日・中・露の戦いでした。

1868年、日本が明治維新を迎えた当時、朝鮮半島は李氏朝鮮★が治め、清に従属した冊封《さくほう》体制を堅持し（いわゆる清の属国で）鎖国状態にありました。明治政府は、近代化に遅れていた朝鮮に開国を求め、近代化を要請。清から切り離そうとしたのです。そこで、朝鮮半島をはさんで日清戦争が勃発。勝利した日本は、清との間で下関条約を締結し、清に朝鮮の独立を認めさせること

★日清戦争　1894～1895年、朝鮮の支配権をめぐり日本と清が衝突した戦争。日本の勝利に終わり、1895年、下関にて講和条約を結ぶ。

★李氏朝鮮　1392～1910年、朝鮮半島を統治した国家。

に成功します。１８９７年、李氏朝鮮は「大韓帝国」に改称しました。

日清戦争のころから、ロシアは不凍港★を求め、南下を企てていました。当時、下関条約で清の遼東半島が日本に割譲されることを知ったロシアは、ドイツ、フランスとともに三国干渉★で日本に迫り、これに屈した日本は遼東半島を清に返還。さらにロシアは、清の南満州を占領します。

今度は日本とロシアが、朝鮮と満州の支配権をめぐって対立。１９０４年、日露戦争に突入するのです。この日露戦争で勝利をおさめた日本は、ロシアに朝鮮を日本の支配下に置くことを認めさせ、樺太の南半分を領土としました。

また、ロシアが持っていた遼東半島の関東州と南満州の鉄道の権益も手に入れたのです。事実上、韓国を保護国化した日本。初代統監には伊藤博文★が就任しました。さらに日本は、韓国を保護国から進めて「併合しよう」と考えていました。しかしその意見に反対していた伊藤博文が、４年後の１９０９年、日本の保護国化に抗議した活動家の安重根《アン・ジュングン》により中国・ハルビン駅で射殺されます。これで一気に、日本政府は韓国を併合してしまうのです。

国際連盟から派遣されたリットン調査団

日清・日露戦争に勝利し、徐々に領土を拡大する日本。

ところが満州事変から３日後、中国国民党政府は日本の軍事行動を「侵略で

★不凍港　冬季においても海面などが凍らない港のこと。現在のクリミア問題にもロシアの不凍港政策が背景にあるといえる。

★三国干渉　１８９５年４月、ロシア・ドイツ・フランスの３国が、下関条約で決まった遼東半島の日本の領有権を返還するように勧告したこと。日本はこれを受諾。この悔しさに復讐を誓う、「臥薪嘗胆（がしんしょうたん）」の空気が高まった。

★伊藤博文　１８４１〜１９０９年。日本（長州出身）の政治家。明治憲法制定の中心人物で、初代内閣総理大臣を務める。

ある」と非難します。国際連盟★に対し、満州国の建国をやめさせてほしいと訴えたのです。アメリカやヨーロッパの列強はこれに同調し、国際連盟からイギリスのリットン卿を団長とする調査団を組織。満州に乗り込み、半年にわたる調査を行いました。リットン卿は、「今回の日本軍による占領は正当なものとは言えないし、正当防衛だとも思えない。また日本がつくった満州国は、日本の傀儡国家で中国人の国家ではない」と断定しました。

1933年2月24日、国際連盟総会で「満州国を認めない」とする勧告が提案されました。日本主席全権・松岡洋右★は46分間にわたる大演説で反論。しかし、満州撤退の対日勧告案は圧倒的大差（賛成42、反対1、棄権1）で可決されます。日本代表の松岡洋右は退場し、日本は正式に国際連盟を脱退。こうして国際社会で孤立する道を歩み始めるのです。

★国際連盟　アメリカのウィルソン大統領の提唱で、第1次世界大戦後の国際平和の目的に1920年に成立。

★松岡洋右（まつおか・ようすけ）1880〜1946年。日本の政治家。1933年、国際連盟脱退の際の日本全権。三国同盟、日ソ中立条約締結を行う。戦犯として裁判中に病没した。

ここがポイント!

- **日本は韓国を保護国から併合へ**
- **満州国建国によって、日本は世界から孤立**

日本の満州政策に世界が反対、日本は国際的に孤立へ

1931年9月　満州事変勃発

1932年3月　満州国建国宣言

中国国民党政府が国際連盟に
「侵略である」と訴える

リットン調査団を派遣

爆破の現場を視察するリットン調査団。
写真＝毎日新聞社 / アフロ

日本を非難

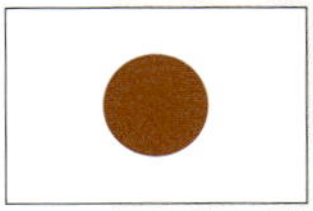

国際連盟総会での
松岡洋右の演説の様子。
日本は国際連盟を脱退する。
写真＝毎日新聞社 / アフロ

日中戦争始まる悪化する米英との関係

軍部は満州にとどまらず、中国全土に力を伸ばそうとしました。そんななか、1937年7月に盧溝橋事件が勃発。日中戦争が始まります。

満州事変をきっかけに大きな力を持ってきた軍部。関東軍は満州にとどまらず、さまざまな手を使って中国大陸で勢力を拡大しようとしました。

そんななか、次の事件が起こります。1937年7月7日、北京郊外にある盧溝橋で数発の銃声がこだましました。夜間演習中だった日本軍の歩兵砲隊はこれを中国の不法射撃と判断。盧溝橋の警備にあたる中国第二十九軍へ一斉攻撃を開始しました。いわゆる「盧溝橋事件★」です。

国際連盟から脱退してしまったことで、世界がどう動いているのか、日本になかなか情報が入ってこないなか、1937年7月28日、日本軍は総攻撃を始め、全面的な戦争に突入しました。日中戦争の始まりです。日本軍は上海を占領すると、中国軍を追って国民党政府の首都・南京に向かいました。

★盧溝橋事件　1937年7月7日、北京郊外の盧溝橋の近くで起こった日中の軍事衝突。これが日中戦争の発端になる。写真は盧溝橋の様子。

日中戦争の戦火は拡大する一方で、2年後の1939年、ヨーロッパでのドイツのポーランド侵攻に対し、イギリスとフランスがドイツに宣戦布告。第2次世界大戦が始まったのです。

国際的に孤立していた日本は、翌年1940年9月27日、ドイツ、イタリアと三国同盟を結び、ヨーロッパではドイツがフランスを降伏させました。

これと時を同じくして、日本はオランダ領東インド（現在のインドネシア）、フランス領インドシナ（現在のベトナム）に進駐します。

東南アジアの豊かな資源を手に入れるため、同時に「援蒋ルート★」を断ち切るためです。日中戦争時、アメリカやイギリスは、蒋介石の率いる国民党軍を支援するために、ビルマ（現在のミャンマー）などから物資を送っていました。

日本がベトナムに進駐し、日独伊三国同盟を結ぶと、アメリカは強く反発しました。警戒感を強めたアメリカは、日本への石油供給を全面停止。日本はついにハル・ノートを突き付けられることになるのです。

日本を追い詰めたABCD包囲網

日本にしてみれば、海外領地拡大に莫大な資金を投入し、多くの血を流してきたため、そう簡単にハル・ノートを受け入れるわけにはいきません。

イギリスやオランダも、アメリカにならって、日本との全面対決の姿勢をあ

★援蒋ルート　中国・重慶の蒋介石率いる中国国民党軍を、アメリカやイギリスが支援した援助ルートのこと。

らわにしました。当時、こういう言い方をされました。「ＡＢＣＤ包囲網」。このＡＢＣＤとは、アメリカ、イギリス、中国、オランダのこと。これらの国が日本に対して、いわゆる経済制裁をしたのです。

日中戦争なので、中国が日本に対する経済制裁をしようというのはわかるのですが、それぞれの国が中国に権益を持っているので、日本にそこを支配されては困る。

言ってみれば、当時、帝国主義の国々が中国をめぐって争っていた。それらの国が〝遅れてきた日本〟を痛めつけようという構図です。

そしてこのころ、東条英機内閣★が発足しました。中国との戦争が泥沼化するなかで、近衛文麿★内閣は「これ以上、面倒なことは嫌だ」と内閣を放り出してしまいます。当時、昭和天皇としては、「なんとかアメリカとは戦争をしないでほしい」と東条英機にすべてを託したのです。

★東条英機内閣　1941年10月〜1944年7月。第3次近衛内閣の後を受けて組閣。この内閣で太平洋戦争に突入。サイパン陥落の責任をとり総辞職。

★近衛文麿（このえ・ふみまろ）1891〜1945年。3回組閣。日中戦争開始時の首相。戦後、A級戦犯とされ自殺した。

ここがポイント!

日中戦争のきっかけは盧溝橋事件

ＡＢＣＤ包囲網で、大国が日本バッシング

第1次世界大戦と第2次世界大戦の対立構図

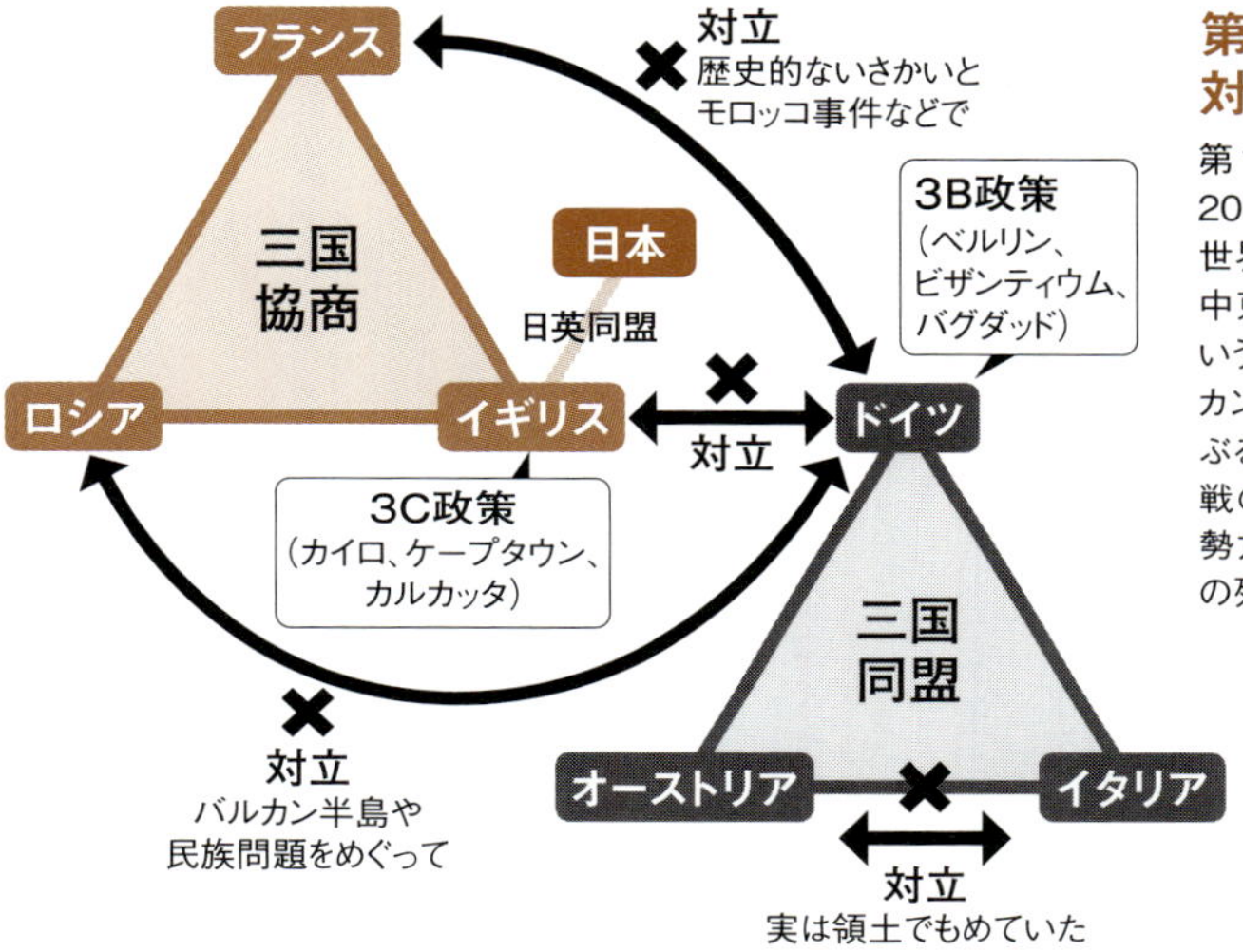

第1次世界大戦前の対立の構図

第1次世界大戦の開始から2014年で100年。初めての世界規模の戦争で、現在の中東問題などの種をまいたという負の遺産も残した。バルカン半島をめぐる問題がくすぶるなか、サラエボ事件が開戦のきっかけとなった。新興勢力であったドイツとそれまでの列強国の対立ともいえる。

ヴェルサイユ条約
締結
（戦後体制の確立）

国際連盟の成立

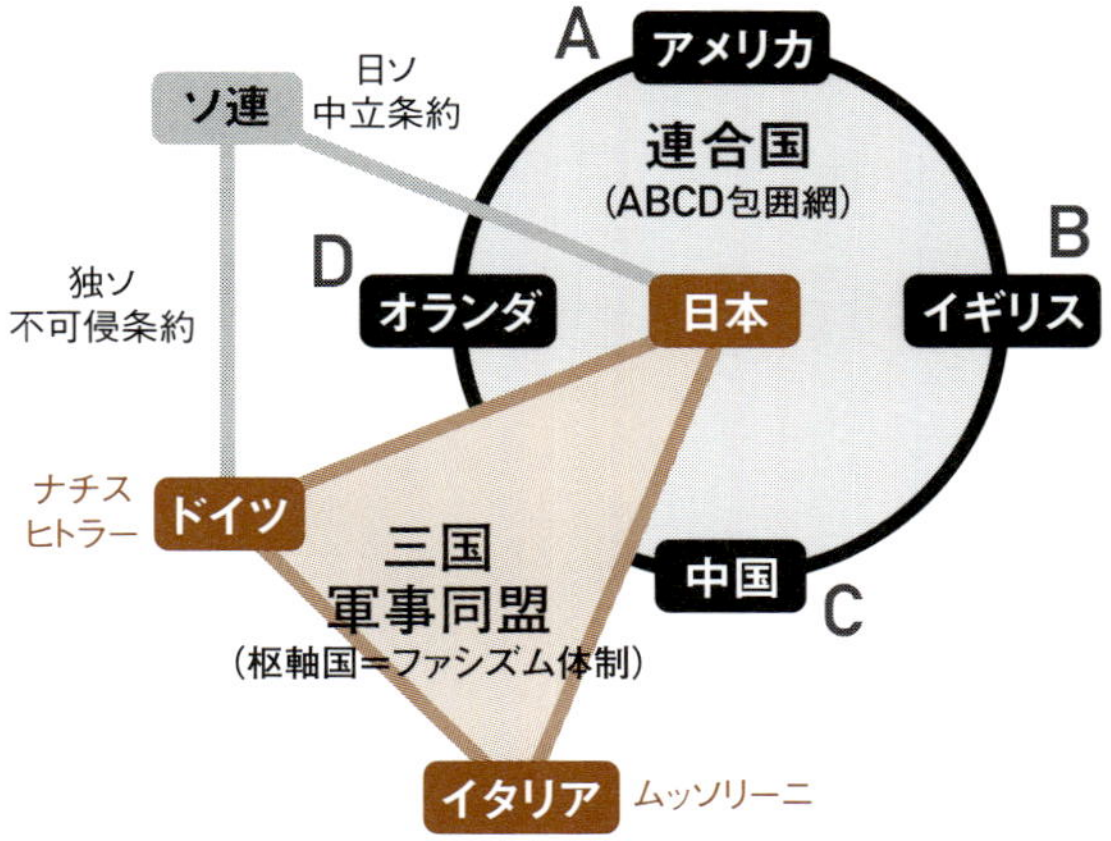

第2次世界大戦前の対立の構図

世界恐慌とファシズム（全体主義）が台頭するなか、ナチス・ヒトラーのドイツ、ムッソリーニのイタリア、そして日本の三国軍事同盟を中心とする枢軸国側と、アメリカ、イギリス、フランス、オランダ、中国、ソ連などの連合国側の間で起こった世界規模の戦争。人類史上最多といえる民間人の犠牲を出した戦争の終了から2015年で70年となる。

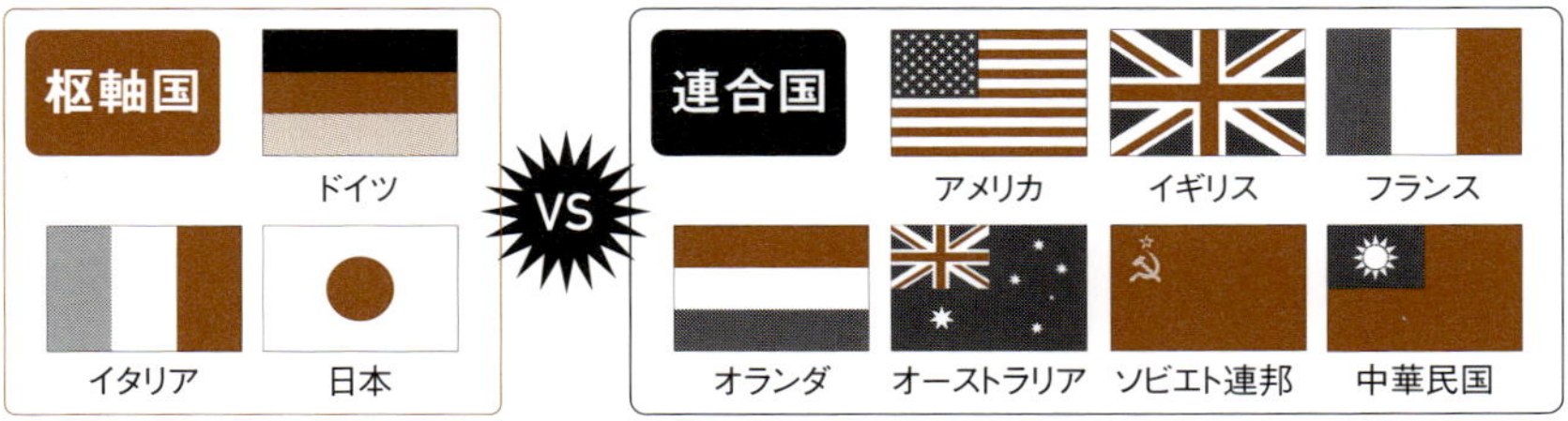

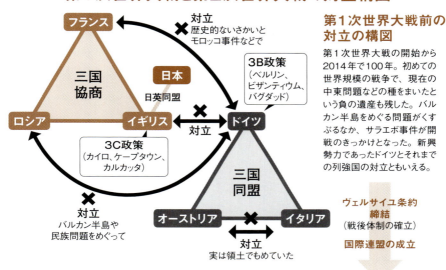

リメンバー・パールハーバー ハワイ真珠湾の奇襲攻撃

太平洋戦争の開始は、真珠湾攻撃とされています。しかし、日本は、同時にマレー半島にも奇襲攻撃をかけていました。狙いはインドネシアの石油でした。

1941年12月8日、ハワイ現地時間で7日の7時50分、ハワイ・オアフ島に戦闘機の爆音が鳴り響きました。日本海軍による奇襲攻撃「真珠湾攻撃」です。攻撃機の数、ゼロ戦など250機、攻撃は2時間にもわたりました。これにより、以降、3年8カ月に及ぶ太平洋戦争が始まります。

日本側には、「先制攻撃によってアメリカが立ち直る前に講和に持ち込めば、勝機がある」という希望的観測がありました。この作戦の立案者は、連合艦隊司令長官・山本五十六★大将です。実は山本は、対米戦争に反対していました。しかし、戦争が避けられないのであれば奇襲攻撃★しかない――。アメリカの太平洋艦隊を全滅させ、戦争の主導権を握ったうえで、早期に講和に持ち込むのが日本側の狙いでした。一方、アメリカはどう反応したのか。フランクリン・

★山本五十六（やまもと・いそろく） 1884～1943年。日本の海軍軍人。連合艦隊司令長官。1943年、前線視察の際に、ブーゲンビル島上空で戦死。

★奇襲攻撃 山本五十六は開戦前、この真珠湾攻撃の作戦は「桶狭間と鵯（ひよどり）越と川中島とをあわせ行うのやむを得ざる羽目に追い込まるる次第に御座候」（嶋田海軍大臣宛ての書簡より）と表した。桶狭間と鵯越と川中島の合戦をいっぺんにやるようなもの。それほど難しいと言いたかったのだろう。

ルーズベルト大統領（当時）は、議会で宣言します。

「１９４１年12月７日は屈辱の日として語り継がれることとなるでしょう。アメリカ合衆国は突然、日本帝国海軍の用意周到な不意打ちを受けました」

真珠湾への奇襲は、戦争に消極的だったアメリカ国民に火をつけます。「リメンバー・パールハーバー」を合言葉に、国内では戦争熱が一気に高まり、皮肉にも山本の作戦がアメリカを団結させることとなりました。

山本五十六は、アメリカが強い国だということは百も承知です。しかし軍人なので、首相の言うことには従わなければならない。だから開戦前、近衛文麿首相に「アメリカと戦って勝てるか？」と聞かれ、「やれと言われれば初めの半年や１年はずいぶん暴れてごらんにいれます。しかし２年、３年となっては、全く確信は持てません」と答えたのは有名です。

半年や１年なら戦えますが、そこから先は無理ですよ、その間に講和に持ち込んでくださいね、という思いがあったのでしょう。

真珠湾攻撃よりも前に、マレー半島に上陸

ところで、日本軍は真珠湾よりも前に、マレー半島を奇襲攻撃★していたことをご存じですか？　日本軍はまずは３つのアジア拠点の攻略を目指しました。それは①マレー半島のシンガポール、②イギリス領の香港、③アメリカ領

★マレー半島を奇襲攻撃　太平洋戦争初期における日本軍の東南アジアへの攻略作戦のことを南方作戦と呼ぶ。１９４１年12月８日のイギリス領のマレーへの上陸をもって作戦が開始された。

のフィリピンです。真珠湾攻撃と同じ12月8日にフィリピンも空襲、12月25日には香港を占領します。快進撃を続ける日本は、シンガポール、ビルマ、ジャワ島、フィリピンと次々に占領。ハワイとマレーの奇襲で、日本はアメリカとイギリスという世界の大国に戦争を仕掛けました。満州事変や日中戦争のように、軍部が引き起こした戦闘が広がったわけではありません。昭和天皇のもとで、開戦を決めたのです。

連合艦隊が真珠湾攻撃を仕掛けるよりも早く、マレー半島に上陸したのはなぜか。日本はインドネシアの石油が欲しかった。でも、そこへ行く前にシンガポールにはイギリスの海軍が駐留していました。インドネシアに行くためには、邪魔になるイギリス海軍を叩いておく必要があったのです。叩くと今度は、ヨーロッパからイギリス軍の応援部隊がやってくることが想定されます。それを見張るために、日本海軍はインドの近くまで進出していきました。

ここがポイント!

短期決戦で早期に講和に持ち込みたかった日本

日本軍は太平洋戦争の最初のころは快進撃を続けた

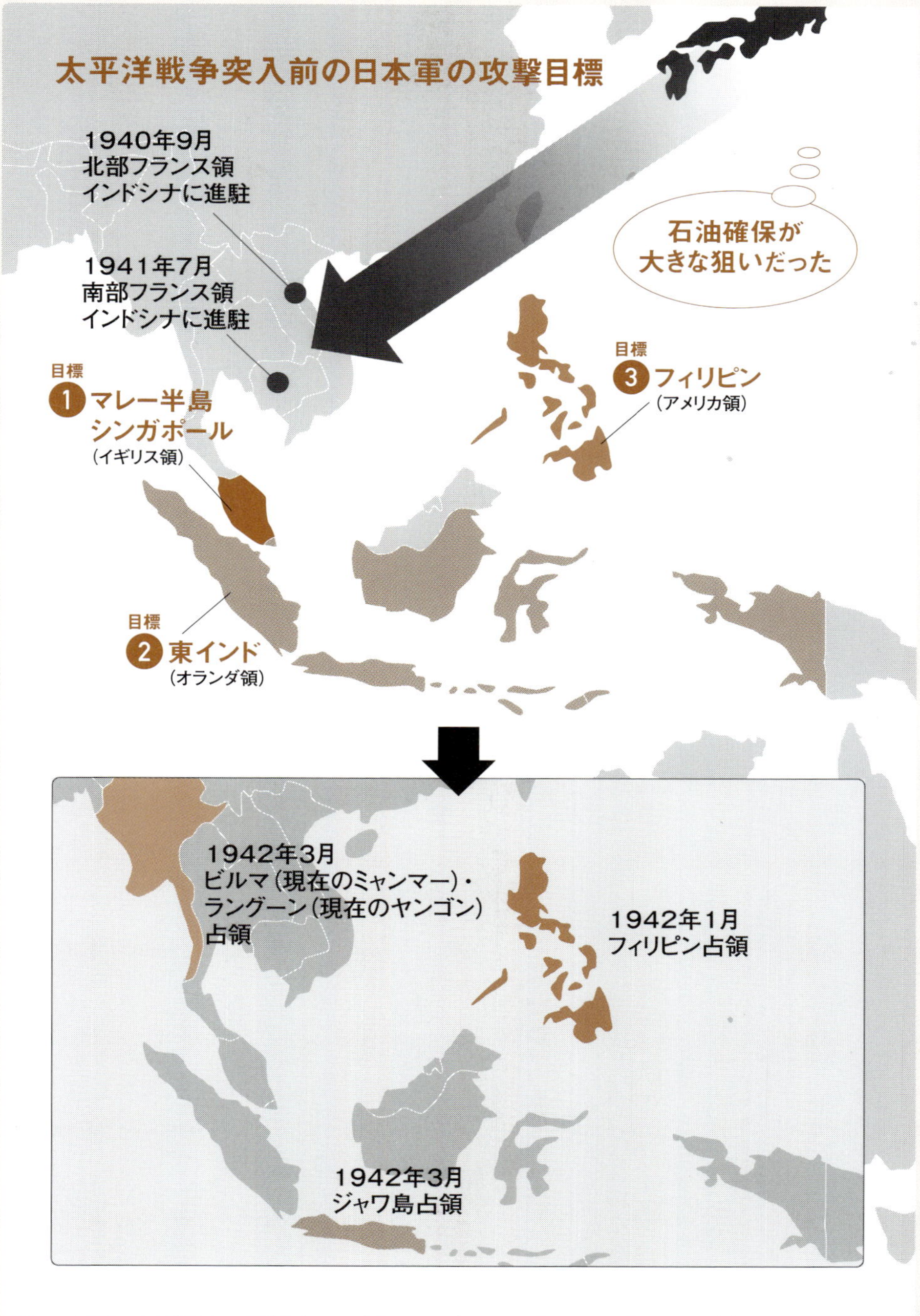

太平洋戦争突入前の日本軍の攻撃目標
1940年9月
北部フランス領
インドシナに進駐
1941年7月
南部フランス領
インドシナに進駐
石油確保が
大きな狙いだった
目標
1 マレー半島
シンガポール
（イギリス領）
目標
3 フィリピン
（アメリカ領）
目標
2 東インド
（オランダ領）
1942年3月
ビルマ（現在のミャンマー）・
ラングーン（現在のヤンゴン）
占領
1942年1月
フィリピン占領
1942年3月
ジャワ島占領

第1章
戦争はなぜ始まり
どう終わるのか

6

日独伊VS米英 国民生活は窮屈に

戦時下の国民生活は完全にコントロールされていました。敵国語である英語はもちろん禁止。しかし、敵国アメリカは積極的に日本の情報を入手しようとしました。

国民生活は完全に国家の統制下に置かれていました。男子は20歳になると徴兵検査を受ける義務がありました（戦争末期は19歳）。徴兵制で多くの若者が軍事教練に駆り出されました。

国民学校では、体を鍛える教科が大幅に増えました。一瞬のうちに数字を読み取る訓練、目を回さないための訓練。すべては戦争のためです。

戦局が悪化すると、日本は学生も戦線に投入します。いわゆる「学徒出陣★」です。出征者は理科系学生を除くと13万人ともいわれています。

「ガソリンの一滴は血の一滴」「胸に愛国、手にハンマー」などの戦時標語を掲げ、女性や子どもを含む非戦闘員の国民までに耐乏生活を強いました。

当時のアメリカのニュースでは、日本兵をどうとらえていたのか。

★学徒出陣　1943年10月に、文科系の学生の徴兵猶予を廃し、戦力として戦場に動員したこと。1944年10月、徴兵年齢も19歳に改められた。

「これが典型的な日本軍兵士だ」として紹介されていたのは……、「平均身長5フィート3インチ（160㎝）、平均体重117ポンド（53・7kg）、どの兵士もよく似た顔つきをしている。彼らの装備品はシンプルだが実用的。各自が運ぶ武器や装備品は30kg、兵士の体重の半分以上。軍服はぶかぶかで兵士らしくない。西洋人から見れば、こっけいな姿だ。演習も派手さはない。しかし兵士の士気は高く、能力も高く、山越えなどお手のもの。主食は米だ。肉もたまに食べるが、主に米と魚。だが、米ばかりのときも少なくない。米は彼らの誇りだ。兵士であることも大きな誇りである。軍人が最も素晴らしいと考えられ、子どものころから訓練されている。日本民族は神の子だと教え込まれ、いずれ日本が世界を支配すると考えている。日本兵は降参するくらいなら死を選ぶ。戦場で死ぬことを理想と考えているのだ。国旗は祖国の象徴であり、日本人の神の象徴である。国旗のデザインは昇る太陽だ。それは天皇のことだという」

日本に対する差別意識も見えますが、その一方でかなり冷静に日本兵を分析していることがわかります。情報収集能力は日本よりも優れていました。

国力以外に勝敗を分けたもの

当時、日本は敵の国の言葉をしゃべってはいけないと、英語を禁止してい

★学徒動員　戦争の長期化に伴い、学生や生徒を軍需工場など戦時生産・防衛体制に動員したこと。女子挺身隊とは、学徒動員の強化につれて、１９４３年9月から、14歳以上の未婚の女子を軍需工場に動員したこと

ました。逆に、アメリカは「敵を知れ」とばかりに、日本語要員を大量に養成。むしろ敵の言葉を勉強しておこうというわけです。

当時、日本兵は読み書きができることもあり日記をつけていました。どこの兵士がどこへ行ったということもすべて記録してある。アメリカはそういう日記を集め、日本兵がどんな行動をとっているかを分析したのです。

またゼロ戦★にはそれぞれの製造番号が書いてあります。ゼロ戦が撃墜されると、その製造番号を確認。半年後に撃墜された戦闘機の製造番号を見れば、半年間にどれだけの戦闘機が製造できるかわかります。

日米の国力の差は歴然でしたが、日本は情報戦でも負けていたといえます。

太平洋戦争が後半になると「玉砕」という言葉が出てきます。弾が美しく砕けるように散る。日本はやがて玉砕の時代へと突入していくのです。

★ゼロ戦　零式艦上戦闘機。零戦（ぜろせん・れいせん）の略称で知られる。太平洋戦争中の日本海軍の主力艦上戦闘機。

ここがポイント!

- **アメリカは日本兵のことを徹底的に分析していた**
- **日本は、国力はもちろん情報戦でアメリカに負けた**

国民生活はすべて国家の戦時体制に組み込まれた

徴兵制

男子は20歳になると徴兵検査を受ける義務があった（戦争末期は19歳）。
徴兵制で多くの若者が軍事教練に駆り出された。

↓

戦局が悪化すると、学生も戦線に投入 ＝ **いわゆる「学徒出陣」**

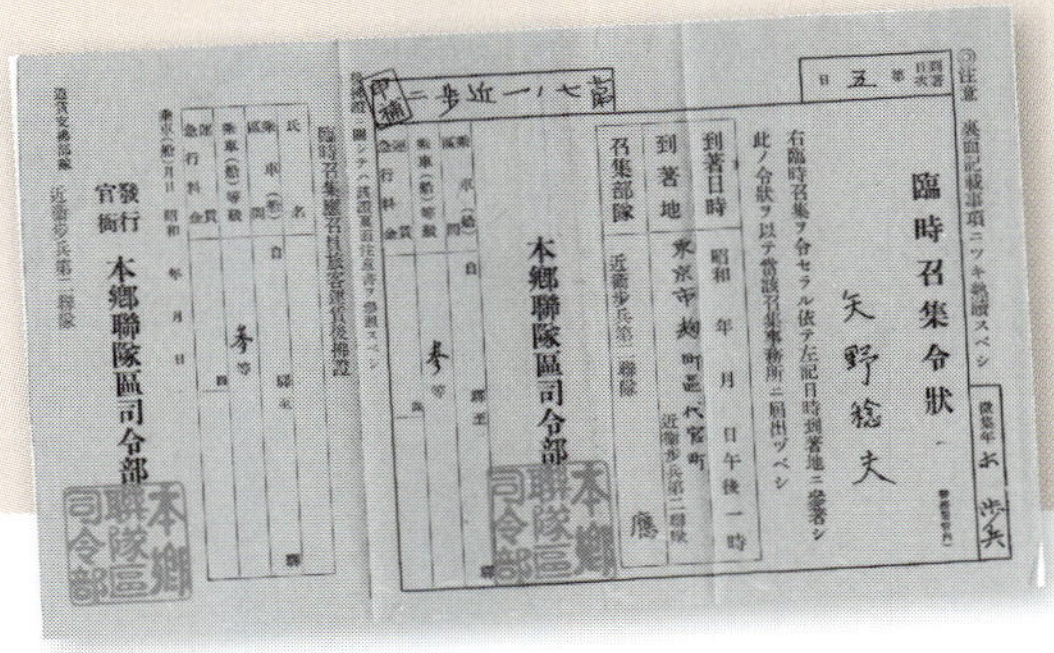
臨時召集令状
矢野総夫
右臨時召集ヲ令セラル依テ左記日時到着地ニ参着シ
此ノ令状ヲ以テ當該召集事務所ニ届出ヅベシ
到着日時 昭和 年 月 日午後一時
到着地 東京市麹町區代官町 近衛歩兵第二聯隊
召集部隊 近衛歩兵第二聯隊
本郷聯隊區司令部
發行官衙 本郷聯隊區司令部

臨時召集令状の表（複写）、
いわゆる赤紙。
この召集令状によって
動員されていった。
写真＝毎日新聞社 / アフロ

学徒動員・入営する学徒兵（1943年12月）。
写真＝近現代 PL/ アフロ

7

戦争はどのように進んでいったのか　勝負を分けたミッドウェー海戦

太平洋戦争の分岐点になったといわれるミッドウェー海戦。しかし、その戦いは情報戦ですでにアメリカに敗れていたのでした。

1942年4月18日、日米開戦から4カ月、日本に衝撃が走りました。16機のアメリカ軍爆撃機が東京、名古屋、神戸などを空襲。日本本土が受けた初めての空襲★でした。

アメリカの爆撃機B‐25は、日本の東1200kmの太平洋上にいた空母から飛んできました。日本軍は、日本本土を守るためには、このアメリカの機動部隊をすみやかに殲滅する必要があると考え、ある作戦を決行します。それがミッドウェー作戦。ミッドウェー島は、太平洋の真ん中、ハワイの北西およそ2000kmに浮かぶ小さな島。そこにはアメリカ軍の航空基地がありました。

連合艦隊は、この空襲の基地となるミッドウェー島を攻略し、アメリカの機動部隊が島を取り戻しにきたところを叩こうと考えたのです。

★初めての空襲　1942年4月18日、アメリカ軍が初めて日本本土を空襲した。作戦の指揮官の名前からドーリトル空襲と呼ぶ。

この作戦は、日本海軍がほとんどの戦力を投入した大作戦でした。発案者は連合艦隊司令長官・山本五十六大将。

１９４２年6月5日、１０８機の日本軍戦闘機がミッドウェー島を攻撃しました。しかし、島には敵の戦闘機はほとんどいませんでした。実はアメリカ軍はすでに日本軍の暗号解読に成功し、島への攻撃を知っていた★のです。

多くの戦闘機は洋上の空母に移り、ミッドウェー海域で日本を待ち受けていました。エンタープライズなど、空母3隻を中心としたアメリカ海軍機動部隊。アメリカ太平洋艦隊司令長官はチェスター・ニミッツ大将。日本側の情報がアメリカに筒抜けになった状態で、日米の海軍が激突します。

このとき、日本軍はアメリカの機動部隊の出現を予想していなかったうえに、情報収集や戦術でもミスを重ねました。何より情報収集能力の差が勝敗を分けたといえます。

わずか7カ月で戦局がガラッと変わる

この開戦で日本は赤城など空母4隻★を失いました。重巡洋艦も1隻が沈没。積んでいた飛行機は３２０機が失われ、３５００人が戦死しました。

ミッドウェー海戦は、日本の大敗北に終わりました。これを機に、日本軍に有利だった戦局は、アメリカのほうへと大きく傾いていったのです。

★島への攻撃を知っていた　ほとんどアメリカ軍のいない島を攻撃した日本軍に対し、アメリカのニュースはこう皮肉った。「彼ら（島）は、ミッドウェーの先住民です。東条（英機）らは、彼らを解放しようとしているのでしょう」。情報戦の敗北ですでに勝負は見えていたのだ。

★空母4隻　赤城、加賀、蒼龍、飛龍の4隻。日本海軍の主力空母を一気に失うことになった。その後、建造途上の戦艦などを空母に設計変更するなどの対策もとられた。

大敗の指揮官・山本五十六は、ミッドウェー海戦の翌年、1943年4月、視察に訪れたラバウル上空で、アメリカ軍に攻撃され戦死。1カ月後、国葬が執り行われ、靖國神社に祀られました。

後年、ミッドウェー海戦は、「太平洋戦争の転換点」とも評されるようになりました。アメリカの空母は1隻が沈んだだけ、日本は4隻の空母がすべて沈みました。空母ですから、そこには戦闘機や爆撃機を載せています。その戦闘機がすべて失われた。ということは、そこに乗っていたパイロットも全員が死んでしまったということです。

パイロットを育成するには大変なお金と時間がかかります。そのパイロットたちが、空母と運命を共にしてしまった。

ということは、この後、日本軍はアメリカを攻撃しようにも、空母もない、飛行機もない、パイロットもいないという状態になってしまうのです。

ここがポイント!

- アメリカは日本軍の暗号解読に成功していた
- ミッドウェー海戦での大敗が日本の運命を決めた

ミッドウェー作戦に全勢力をつぎ込んだ

ハワイの北西約2000kmに浮かぶ小さな島。
ミッドウェー島には、
アメリカ軍の航空基地があった。

★ミッドウェー島

ハワイ諸島

連合艦隊はミッドウェー島を攻略し、アメリカ機動部隊が島を取り戻しにきたところを叩こうと考えた。この作戦は、日本海軍がほとんどの戦力を投入した大作戦だった。

発案者は連合艦隊司令長官・山本五十六。

しかし、アメリカ軍はすでに日本軍の暗号解読に成功していた!

日本軍の損害

赤城などの空母4隻、重巡洋艦1隻が沈没
航空機320機損失、戦死者約2500人

優位に立ったアメリカ軍の次なる標的はガダルカナル島

次第に戦局が悪化する日本は、戦線は縮めるが、絶対にこの範囲は守るという「絶対国防圏」を決めます。とりわけサイパン島を絶対国防圏の要と考えました。

ミッドウェーで勝ったアメリカ軍は、次の標的をソロモン諸島のガダルカナル島に定めました。

ここには日本軍の航空基地がありました。アメリカ軍にとってガダルカナル島の制圧は南洋諸島攻略の足掛かりでした。１９４２年8月7日、アメリカ軍が上陸。兵士の数はおよそ1万１０００人。アメリカ軍の反撃が始まりました。

兵力の差は歴然で、日本軍はジャングルに逃げるしかありませんでした。制海権、制空権を確保したアメリカ軍は、空や海から大量の物資を補給できました。対する日本軍は補給路を断たれ、武器や食料がすぐに底を突きました。

劣勢の日本軍を襲うのは、アメリカ軍だけではありませんでした。戦おうにも弾薬もなく、飢えに苦しんでジャングルをさまよう兵士を、マラリアや赤痢が襲いました。そこは生き地獄と化しました。勝敗は、すでに決まっていました。

日本軍がガダルカナル島を撤退したあと、アメリカ軍の反攻はいよいよ本格的になりました。激しい反撃を受けた日本軍は、補給のないまま、次々とあちこちの島で玉砕★していきます。日本はすでに敗色濃厚でした。

アメリカ軍の反攻で、日本軍が次第に押され始めたことから、1943年9月30日の御前会議で日本はあることを定めます。「絶対国防圏」です。戦線は縮めるが、絶対にこの範囲は守るという地域を決めたのです。日本本土のほかに、トラップ島、ジャワ、スマトラ、ビルマを囲んだエリア。とりわけサイパン島を絶対国防圏の要と考えました。

当時のアメリカ軍の最新鋭の爆撃機「B-29★」は、一度飛び立つと5000km以上飛ぶことができます。サイパンから日本までは2500km。ということはサイパンをアメリカ軍が抑えれば、そこで爆弾を積んだB-29が日本を空爆し、また戻ることができるわけです。

「バンザイ・クリフ」の悲劇

1944年6月、アメリカ軍はマリアナ諸島への爆撃や砲撃を始め、15日にはサイパン島に上陸しました。日本の連合艦隊はこれを迎え撃ちました。

サイパン島には、戦争前から大勢の日本人が住んでいました。意外と知られ

★あちこちの島で玉砕　1943年5月、アリューシャン列島アッツ島玉砕、1943年11月ギルバート諸島マキン島、タラワ島玉砕、1944年2月マーシャル諸島クェゼリン環礁、ブラウン環礁玉砕。

★B-29　アメリカのボーイング社が設計・製造したアメリカ空軍の大型爆撃機。B-29による空襲が、日本の戦争継続の能力を喪失させたともいわれる。広島・長崎の原爆を投下したのもB-29。

ていないのですが、ここはかつてドイツが統治していました。日本は第1次世界大戦の戦勝国となり、ドイツに代わって委任統治★するようになったのです。このため日本人がおよそ3万人移住していました。その約8割が沖縄県人でした。戦場となったのはおよそ1カ月間。

一般の住民は非戦闘員でしたが、戦争に巻き込まれ、どんどん島の北端に追い詰められていきました。アメリカ軍に追い詰められた多くの日本人は、手りゅう弾で自決や、高さ80mの断崖絶壁から身を投げました。

「天皇陛下万歳」と叫んで死んだことから、アメリカ兵はサイパン島の北端マッピ岬の断崖を「バンザイ・クリフ」と呼びました。戦後60年の2005年、天皇、皇后両陛下が慰霊のために訪れたのがバンザイ・クリフです。

絶対国防圏のサイパン島を失うことで、東条英機内閣は総辞職。1944年7月18日のことでした。しかし日本はここから、さらなる悲劇に向かいます。

ここがポイント!

劣勢に立った日本軍は南の島で次々と玉砕

日本はサイパン島を絶対国防圏の要と決めた

バンザイ・クリフのいまの様子。

★委任統治　第1次世界大戦後、国際連盟の委任のもとに、戦勝国などの特定の国が敗戦国の植民地などに対して行った統治のこと。

アメリカは南洋諸島攻略の足掛かりとして ガダルカナル島を攻めた

戦力の差は歴然。日本軍はジャングルに逃げるほかなかった。補給路を断たれた日本軍。この戦いでの日本軍戦死者は約2万1000人。このうち飢餓やマラリアで亡くなった方は1万5000人を超えたという。後にガダルカナル島は「餓島（がとう）」と呼ばれることになる。

1942年８月７日、約1万1000人のアメリカ軍がガダルカナル島に上陸。

日本軍が絶対国防圏の要としたサイパン。1944年6月15日、アメリカ軍がサイパン島に上陸。

サイパンでの日本人戦没者の数は、約5万5000人。この中には、約1万2000人の民間人が含まれていた（49ページも参照）。

9

本土への大空襲、死の沖縄戦 敗戦の時代

サイパンの陥落で、日本本土への空襲が繰り返されることになります。そして、大空襲、沖縄戦、広島・長崎への原爆投下と惨劇が続きました。

サイパンを落としたアメリカ軍は、これで日本本土への爆撃が可能になりました。当初、アメリカ軍は日本の軍事施設や軍需工場を目的とした精密爆撃を行っていました。しかし、指揮官にカーティス・ルメイ★少将が就任し、戦術が変更されました。ルメイは、都市を焼き払って人々の気力をくじくという「無差別爆撃」を指示したのです。

1945年3月10日未明、325機のB-29が東京上空に飛来。世にいう東京大空襲です。下町に降った焼夷弾★の数およそ38万発。この日は風が強く、瞬く間に下町は火の海となりました。焼失家屋はおよそ27万戸、死者は10万人以上に及びました。

この後、アメリカ軍は日本本土攻略の前線基地をつくるべく沖縄に迫ります。

★カーティス・ルメイ　1906～1990年。アメリカの軍人。東京大空襲などを指揮。戦後は、日本の航空自衛隊育成に協力。

★焼夷弾　火炎や高熱によって人や建造物などを殺傷・破壊するために、焼夷剤を弾体に詰めた弾のこと。木造家屋が多い日本に甚大な被害をもたらした。

1945年4月1日、ついにアメリカ軍が沖縄本島に上陸しました。1400隻を超える大艦隊。アメリカ軍総兵力は沖縄県民の人口を上回る約54万人。圧倒的な戦力の前に日本軍は敗走を重ね、そして6月23日、沖縄は陥落しました。沖縄戦の犠牲者約20万人、そのうち12万人が民間人でした。実に県民の4分の1が命を落としました。

ヨーロッパでは、日本と同盟を組んでいたイタリア、そしてドイツが相次いで降伏します。イタリアのムッソリーニは逮捕されたのち処刑され、市民の前にさらされました。一方、恋人のエヴァと別荘で暮らしていたヒトラーは、1945年4月、エヴァと結婚してベルリンの地下壕で自殺しました。

日独伊三国同盟のイタリアとドイツが降伏し、日本は孤立無援になります。日本だけが世界を相手に戦うことになるのです。そして忘れてはならないあの悲劇が起こります。

ポツダム宣言を「黙殺」した？

1945年4月、日本では昭和天皇に信頼されていた元侍従長の鈴木貫太郎が首相に就任します。本土決戦を主張する陸軍から圧力を受けながらも、終戦を目指していました。

一方、1945年7月、アメリカはニューメキシコ州のアラモゴードで、世界で初めて原子爆弾の爆発実験を成功させます。そのころ、ベルリン郊外のポツダムに、アメリカのトルーマン大統領、イギリスのチャーチル首相、ソ連のスターリン首相の3人が会談して日本に対する政策を話し合い、無条件降伏を要求することを決めました。このときの取り決めが7月26日、アメリカ、イギリス、中国の三国共同宣言として発表されました。これを「ポツダム宣言」といいます。

鈴木首相は新聞記者に「ポツダム宣言を黙殺する」と語りました。首相は「意思発表はしない」という意味でこう言ったのですが、連合国側はこれを「宣言の拒否」と受け取りました。

そして8月6日広島に、8月9日長崎に、2つの原子爆弾★が投下されるのです。2つ目は福岡県の小倉に落とすことになっていたのですが、小倉上空まで行くと雲がかかっていて下が見えない。そこで長崎に投下となりました。

★2つの原子爆弾　広島に投下されたのはウラン型、長崎に投下されたのはプルトニウム型。

ここがポイント!

アメリカ軍は「無差別爆撃」へと戦術を変更

鈴木貫太郎は戦争を終結させるために首相になった

多くの民間人が亡くなった玉砕の島・サイパン島の悲劇

北へ逃れた日本軍が最後に追い詰められた場所だ。

ラストコマンドポスト。最後の司令部跡。

島の象徴ともいうべきバンザイ・クリフ（マッピ岬）。高さ80mの断崖絶壁。アメリカ軍に追い詰められた多くの民間人が、突撃兵士さながら「万歳」と叫び、自決した場所だ。

砲弾でえぐられたマッピ山（標高249m）。ここからも多くの人が自決した。

10

終戦の日は8月15日ではない!? 国際法上、終戦は9月2日

日本人にとって終戦記念日は8月15日と思っている人が多いと思います。しかし、国際法上の終戦は別の日なのです。歴史を振り返るうえで、外せないポイントです。

1945年8月9日、ソ連の大軍が一斉に満州に攻め込んできました。もともと日本は、1941年にソ連と「日ソ中立条約」を結んでいました。「日本とソ連はお互いに戦争をしません」という条約です。ところがソ連はそれを一方的に破棄したのです。

ソ連の侵入によって、満州や樺太は大混乱に陥りました。広島と長崎における原爆の大被害と、このソ連の参戦が、日本政府に戦争終結の決意を固めさせることになります。

そして1945年8月14日、アメリカのトルーマン大統領はホワイトハウスで記者会見を開きました。

「日本政府が無条件降伏を定めたポツダム宣言を受け入れたとみなす」

トルーマンによる戦争終結宣言。ニューヨークのタイムズスクエアは、戦争終結を喜ぶ国民で埋め尽くされました。

日本では、8月15日正午、玉音放送が流れました。ほとんどの日本人が、昭和天皇の声をこのとき初めて聞きました。

鈴木貫太郎首相は、「戦争を終わらせるための総理大臣」という任務を背負っていたのですが、最初の首相談話は徹底抗戦を訴える大変勇ましい内容★でした。なぜかというと、このころはまだ終戦に軍が反対していたからです。戦争をやめるといったら、すぐに殺されてしまう、あるいはクーデターが起きてしまう、そんな雰囲気があったということです。

終戦後にソ連軍が進撃

9月2日、東京湾に停泊していた戦艦ミズーリ号の甲板で、調印式が行われました。日本が降伏文書に調印したのです。

このとき2枚の星条旗が掲げられていました。1枚は日本が真珠湾攻撃をしたときにホワイトハウスに掲げられていたもの。そしてもう1枚は1853年、黒船が江戸時代で鎖国状態だった日本にやってきたとき、ペリー★艦隊が掲げていたものです。

アメリカはこうして二度にわたって日本を開国させたのだ、ということを示

★大変勇ましい内容　「今は国民一億の総てが…国体防衛の御盾（おんたて）たるべき時…私は固（もと）より老躯（ろうく）を国民諸君の最前列に埋める覚悟…諸君も亦（また）、私の屍（しかばね）を踏み越えて起（た）つの勇猛心を以て…」と演説した。

★ペリー　マシュー・ペリー、1794～1858年。アメリカの海軍軍人。1853年に、艦隊を率いて日本へ来航し、開国を要求した。日本とアメリカの関係はここから始まった。

したかったのでしょう。

ソ連は日本が8月15日に降伏した後も、日本への攻撃を続け、北方領土★を占領しました。日本にしてみれば、戦争はすでに終わっている。ソ連は不法に北方領土を占領したというふうに受け止めるのですが、ソ連にしてみれば、日本がミズーリ号で降伏文書に調印をした9月2日が終戦という理屈です。

9月2日まで戦争が続いていたのだから、戦争中に北方領土を占領したことになります。

戦争はいつ終わったのかということすら、それぞれの国の考え方や利害によって変わってくるということになります。

★北方領土　当時のソビエト連邦が、択捉（えとろふ）島、国後（くなしり）島、色丹（しこたん）島、歯舞（はぼまい）群島を占拠。現在もロシアによる実効支配が続く。

ここがポイント!

- **2発の原爆とソ連参戦で日本の敗戦が決定的に**
- **ミズーリ号で降伏文書に調印した日が本当の終戦日**

日本の終戦の日の解釈

8月15日	玉音放送	日本の認識での終戦
9月2日	戦艦ミズーリ号で降伏文書に調印	国際法上の終戦

写真＝AP/ アフロ

太平洋戦争による被害は?

昭和20年の主な民間人戦没者

東京大空襲…約10万人
大阪空襲……約1万人
名古屋空襲…約7800人
沖縄戦………約9万4000人
広島原爆……約14万人
長崎原爆……約7万人
旧満州………約20万人

旧ユーゴスラビア内戦の町 サラエボの戦争の爪痕

「起こるべくして起こった内戦」の爪痕が残る町、サラエボ。第1次世界大戦のきっかけにもなった町を池上が訪ねました。

番組では、ユーゴスラビアから独立したボスニア・ヘルツェゴビナ★のサラエボを訪れ、取材しています。〝世界の火薬庫〟と呼ばれ、第1次世界大戦が起きるきっかけ★となったサラエボには、多くの民族、そしてさまざまな宗教を信仰している人々が暮らす〝戦争が起きやすい町〟でした。戦争が起きる主な原因は、①領土問題、②民族対立、③宗教対立、④エネルギー資源問題といわれています。第2次世界大戦後、社会主義の理想の下に人工的につくられた国家ユーゴスラビア。東西冷戦時代が終わり、さまざまな不満がたまった旧ユーゴは起こるべくして戦争が起きました。

町の建物の壁には内戦の銃弾の跡が残ります。市街戦は多くの市民を巻き込んで、通勤路、商店街などすべてが前線でした。

ユーゴスラビアはカリスマ的な指導者チトーの下、1つの国家となりえていました。1980年にチトーが亡くなると、6つの共和国は独立を果たします。しかし、ボスニア・ヘルツェゴビナはそう簡単にはいきませんでした。ここには、イスラム教徒やクロアチア人、セルビア人も多く住んでいて、内戦に突入します。

悲惨な争いが続くなか、国際社会がようやく動きます。ボスニア・ヘルツェゴビナ連邦とスルプスカ共和国に分け、連邦国家とすることで内戦は終結するのです。

内戦での攻撃を受け、原形をとどめていないマンションを進む。穴はすべて銃弾の跡。生々しい残骸だけが目に入ってくる。住民のものだろうか、人形が一体残される。内戦というのは普通の市民同士が殺し合う戦争なのだ。

★ボスニア・ヘルツェゴビナ
1992年、ユーゴスラビアから独立を宣言。以降、3年半にわたり激しい内戦が続いた。内戦による死者は20万人以上といわれる。

★第1次世界大戦が起きるきっかけ
1914年、オーストリア＝ハンガリー帝国の皇位継承者がこの地でセルビア民族主義者に暗殺されたことがきっかけとなり、ヨーロッパを巻き込む戦争になった。

1から7までの国と呼ばれたユーゴスラビア

1つの国家	ユーゴスラビア
2つの文字	ラテン文字、キリル文字
3つの宗教	カトリック、東方正教、イスラム教
4つの言語	スロベニア語、セルビア語、クロアチア語、マケドニア語
5つの民族	スロベニア人、クロアチア人、セルビア人、マケドニア人、モンテネグロ人
6つの共和国	スロベニア、クロアチア、セルビア、マケドニア、ボスニア・ヘルツェゴビナ、モンテネグロ
7つの国との境	イタリア、オーストリア、ハンガリー、ルーマニア、ブルガリア、ギリシャ、アルバニア

※チトーというカリスマ的な指導者の下、ナチス・ドイツを追い払った。その後、ソ連への対抗から、ユーゴスラビア社会主義連邦共和国として1つの国として団結。
しかし、チトーが1980年に亡くなると、だんだんバラバラになっていった。

地上での物資運搬は危険だということでつくられた地下トンネル。高さ約150㎝、全長800mのトンネルを使って物資を運んだ。

通称スナイパー通りと呼ばれた通り。いろいろな物資を運ぶためにはここを通らざるをえなかった。ここの南側はセルビア人側。セルビア人側が、この通りを通る人や車を狙い撃ちにしたのだ。

Column 2

戦後レジームからの脱却!?
歴史修正主義者とは?

アメリカから見て、日米関係を考えるうえで気になる問題があります。それは、「安倍政権の下での靖國神社参拝問題」「韓国との従軍慰安婦問題」「中国との尖閣諸島問題」です。この3つの問題への対処法について、アメリカが懸念を持っているのです。

安倍晋三首相は「歴史修正主義者」ではないかと疑っている人たちがアメリカの現政権にいるのです。

「歴史修正主義者」とは何か? それは、歴史に関する定説に対して、その見直しを要求する人たちのことです。

具体的にいうと、第2次世界大戦後の歴史に対する見方を否定し、「日本は正しかった」「あの戦争は正しかった」と考える人たちのことです。

日本は第2次世界大戦で連合国に敗れました。日本はポツダム宣言を受諾し、極東国際軍事裁判、つまり東京裁判が開かれました。勝った側が負けた側を一方的に裁く裁判です。アメリカ軍にだって戦争犯罪に手を染めた兵士は大勢いました。もちろん日本にもいた。しかし、勝った側には「戦争犯罪人」は存在しない、となるのです。

アメリカは広島や長崎に原子爆弾を落としました。あるいは東京大空襲で一晩に10万人以上を殺害しています。戦争で一般市民を殺すのは国際法違反です。もし、立場が逆であったならば、アメリカ側の指揮官が戦争犯罪人として問われたでしょう。

客観的に見れば、日本は承服し難いことはあります。しかし、そもそも戦争犯罪を裁くことも含めて受け入れて降伏した以上、日本はこれに異議を唱えることはできません。

負け戦は負け戦、いろいろと言いたいことはいっぱいあるけれど、「ちゃぶ台返し」はできないのです。

ところが安倍首相は、「戦後レジームからの脱却」を掲げ、憲法第9条の解釈を変えようとしています。

レジームとは、政治体制という意味です。つまり戦後の政治体制。戦後の国際秩序は、第2次世界大戦に勝った連合国側がつくったものです。そこからの脱却ということは、アメリカに反旗を翻すということになります。それをアメリカは許さない。日米関係の微妙な関係から目を離せない状況が続きます。

第2章

戦争を終わらせることの難しさと戦後復興

1. 天皇から国運を託された鈴木貫太郎 陸軍は本土決戦を唱えたが……
2. 「subject to」をどう訳すか その解釈で意見が分かれた
3. 陸軍の戦争継続派によるクーデターが勃発
4. GHQの占領下に置かれた日本 アメリカのしたたかな戦略
5. 終戦前後に起きた4大地震 それでも日本は立ち上がった

第4弾の放送では、アメリカ・ワシントンのニュージアムを取材。池上と大江キャスター。

第2章
戦争を終わらせることの難しさと戦後復興

1

天皇から国運を託された鈴木貫太郎 陸軍は本土決戦を唱えたが……

戦局が悪化し、敗色が濃厚となったころ、ようやく終戦に向けて動き出します。昭和天皇は、元侍従長の鈴木貫太郎に首相就任を要請します。

始めることよりも、終わらせることのほうが何倍も難しい、それが戦争です。

日本はいかにして戦争を終わらせたのか。

戦局が敗色濃厚となったころ、昭和天皇はかつて侍従長を務めた鈴木貫太郎★に総理大臣就任を要請しました。高齢を理由に断る鈴木を、天皇自らが説得したのです。鈴木は決意し、組閣翌日の演説でこう話します。

「私の最後のご奉公と考えますると同時に、まず私が1億国民諸君の真っ先に立って、死に花を咲かすならば、国民諸君は私の屍《しかばね》を踏み越えて国運の打開に邁進されますことを確信いたします」

しかし、陸軍の抗戦意識は強く、国民の抗戦意識も強い。軍部はアメリカ軍を本土に上陸させて戦うという、本土決戦を唱えて準備を進めていました。国

★鈴木貫太郎（すずき・かんたろう）　1867～1948年。日本の海軍軍人、政治家。小磯内閣のあとを受けて組閣。

民すべてが死を覚悟して戦う「一億特攻」「一億玉砕」★が叫ばれていたのです。

どのようにして終戦に持っていけばよいのか。

ドイツが降伏し、日本がただ一国で世界を相手に戦争を続けることになった1945年6月22日、昭和天皇は閣僚と軍部のトップで組織された最高戦争指導会議のメンバーを呼び寄せました。そこで「これは命令ではなく、あくまで懇談であるが、戦争終結についてすみやかに具体的な研究を遂げ、これの実現に努力するよう希望する」。昭和天皇が、戦争終結を初めて公に口にしました。

1945年7月27日、ポツダム宣言が日本政府に伝わると、東郷茂徳★外務大臣よりその詳細を聞いた昭和天皇はこうつぶやいたといいます。

「ともかく……、これで戦争をやめる見通しがついたわけだね」

しかし、ポツダム宣言への日本政府の対応は、容易にはまとまりませんでした。新聞にはこう載りました。「政府は黙認」（朝日新聞　1945年7月28日付）。その9日後の8月6日、広島に原子爆弾が投下されました。9日には長崎にも……。日本は完全に追い詰められてしまいました。

8月9日の夜、宮城《きゅうじょう》（現在の皇居）の地下防空壕で、天皇の出席のもと開かれる「御前会議★」がもたれました。ポツダム宣言への対応について、激しい議論が交わされます。

★「一億特攻」「一億玉砕」　戦局が悪化し、軍部は本土決戦を主張。その際に言われたスローガン。特攻とは太平洋戦争末期に行われた、日本軍による体当たり自爆攻撃のこと。玉砕とは、玉のように砕けるという意味。

★東郷茂徳（とうごう・しげのり）1882～1950年。日本の外交官、政治家。太平洋戦争開戦時と終戦時に外務大臣を務めた。

★御前会議　国家の重大事に関して、天皇臨席のもと、重臣・大臣などが行う最高会議のこと。

「終戦派」と「戦争継続派」に分かれた

東郷外務大臣は「天皇陛下の地位に変化がないことを前提として、ポツダム宣言を無条件に受け入れるのがよいと思われます」。これに対し、陸軍大臣の阿南惟幾★大将は「私は外務大臣の意見には反対であります。敵が本土へ攻め込んでくるなら、それを契機にして大打撃を与えるのはまだ可能であります」。

しかし同じ軍人である海軍大臣の米内光政★大将は「私は東郷外務大臣の意見に同感である」。意見が明確な6人は、3対3で、「終戦派」と「戦争継続派」の真っ二つに分かれました。そこで鈴木首相が立ち上がり、昭和天皇に裁決を仰ぎます。「私の意見は外務大臣の意見に同意である。耐え難いこと、忍び難いことではあるが、この戦争をやめる決意をした」。いわゆる御聖断が下されたのです。政府はついにポツダム宣言の受諾を決定しました。

★阿南惟幾（あなみ・これちか）1887～1945年。日本の陸軍軍人。鈴木貫太郎内閣で陸軍大臣を務める。

★米内光政（よない・みつまさ）1880～1948年。日本の海軍軍人、政治家。第37代内閣総理大臣を務める。

ここがポイント!

- 軍部は「一億特高」「一億玉砕」を叫んだ
- ドイツが降伏し、日本は孤立無援状態になった

鈴木貫太郎内閣の発足で、終戦に向けて動き始めた

1945（昭和20）年3月10日未明　東京大空襲

B-29が300機以上飛来し、焼夷弾の雨を振らせる。

2時間半の空襲で、
約27万戸の家が焼け、
死者約10万人。

東京大空襲後の銀座。

写真＝近現代 PL/ アフロ

昭和天皇が東京大空襲・
被災8日後実情巡幸。
焼け跡を見回る。

写真＝毎日新聞社 / アフロ

鈴木貫太郎内閣の組閣。太平洋戦争終結の任を負って
首相に就任し、ポツダム宣言を受諾することになる。

写真＝近現代 PL/ アフロ

敗色が濃くなるなか、
昭和天皇はかつて侍従長を
務めた鈴木貫太郎に
総理大臣就任を要請。
高齢を理由に断る鈴木を
天皇自らが説得。
鈴木内閣の誕生とともに、
終戦に向けて動き出した。

「subject to」をどう訳すかその解釈で意見が分かれた

国体護持をめぐり、ポツダム宣言を受諾するか否か、意見が分かれました。しかし、最終的には昭和天皇の御聖断で終戦に導いたのです。

歴史を後から見て、あのときこうすれば……と思っても仕方のないことは少なくありません。もし3月10日以前に戦争をやめていたら、東京大空襲は避けられ10万人の命が救えました。たとえその後でも、広島・長崎への原爆投下は避けられたでしょう。

天皇が「ポツダム宣言を受け入れよう」と発言したのに、まだ連合国軍にその旨が伝えられなかったのは、軍部を中心に「これだけは譲れない」と、こだわっていたことがあるからです。それは「国体護持★」。

ポツダム宣言を受諾し降伏しても、天皇を中心とした日本の国がそのまま残るのだろうか？　これを心配する人が大勢いました。

というのも、ポツダム宣言には天皇に関する記述がなかったからです。

★国体護持（こくたいごじ）　天皇の地位・権威・権能を守ること。つまり、ポツダム宣言を受諾し降伏しても、天皇陛下を中心とした日本の国が残るのかどうかが鍵となった。

8月12日、連合国側から天皇制に関する回答がきました。

「天皇及び日本国政府の
the authority of the emperor and the Japanese Goverment
国家統治の権限は
to rule the state shall be
連合国最高司令部に　subject to される
subject to the supreme commander of the allied powers」

この「subject to」の訳し方で日本側の解釈が分かれました。

外務省の解釈は「制限下」、陸軍省の解釈は「隷属」（他の支配を受けて言いなりになること）でした。

いろいろなふうに解釈できるのですが、外務省はなんとか戦争をやめたいから「制限下におかれる」とやわらかく訳した。一方、陸軍省は戦争を続けたいから、こんな隷属するようなことになったら大変だ。だから戦争を継続しようという意思をもって訳したのです。

1945年8月14日、天皇の御聖断★が下されたのにもかかわらず、陸軍省では「国体護持の確約が得られない場合は戦争を継続すべき」と主張し、譲りませんでした。鈴木首相は二度目の御聖断を仰ぐことにしました。

「私の考えは、この前言ったのと変わりない。これ以上戦争を続けるのは無理

★御聖断　天皇の決断のこと。ポツダム宣言受諾の際の聖断を指すことが多い。昭和天皇は、二・二六事件の際にも、聖断を下し徹底した武力鎮圧を命じている。

だと思っている。自分の身はどうなってもいいから、国民の命を助けたいと思う。私が国民に呼びかけるのがよければ、いつでもマイクの前に立つ」

昭和天皇の言葉が、終戦に導く

天皇の「自分はどうなってもよい」との言葉に、もう反論は上がりませんでした。そして戦争終結の宣言は、天皇が自らマイクの前に立ち、ラジオで放送されることが決定されました。

昭和天皇の言葉が、結果的に日本を終戦へと導いたのです。

私たちは１９４５年8月15日、天皇陛下の言葉で戦争が終わったことを知っています。でもその直前に起きたさまざまな出来事を知ると、それがまるで奇跡であったかのような気もします。ではその直前に何があったのか。

詳しくは次の項目でみていきましょう。

ここがポイント！

- 軍部がこだわったのは「国体の護持」
- 天皇は「自分はどうなってもよい」と戦争終結を望んだ

連合国側が戦争終結と戦後処理の方法について話し合う

1945年5月 **ドイツ降伏**

7月 **ベルリン郊外　ポツダム**
アメリカ（トルーマン大統領）、イギリス（チャーチル首相）、
ソ連（スターリン共産党書記長）が集まり、
戦争終結と戦後処理の方法について話し合う

7月26日 日本に対し、無条件降伏を求めた。
世に言う**「ポツダム宣言」**。

左から、イギリス・チャーチル、アメリカ・トルーマン、ソ連・スターリン。
写真＝ Everett Collection/ アフロ

陸軍の戦争継続派によるクーデターが勃発

御聖断が下されたあとも、戦争継続派の動きは続きました。玉音放送の前日、宮城では、大変な出来事が起こっていたのです。

二度目の御聖断を受け、陸軍省へ戻った阿南陸軍大臣は、青年将校たちに囲まれました。そして彼らに言いました。

「御聖断は下った。今はそれに従うばかりである。不服のものはこの阿南の屍を越えてゆけ」

戦争継続、徹底抗戦を願っていた青年将校たちは、阿南の言葉に困惑の表情を浮かべます。

一方、当時日比谷にあった日本放送協会（ＮＨＫ）には、午後3時までに録音班を連れて宮内省（現在の宮内庁）へ出頭せよ、との連絡がありました。担当者は玉音（天皇の声）を録音するため、すぐさま宮内省へ向かいます。録音は宮内省の一室で行われることになっていました。

8月14日、夕刻。録音準備が粛々と進められているころ、陸軍に不穏な動きがありました。阿南陸軍大臣に詰め寄った青年将校たちは、まだ終戦に納得できず、録音を阻止しようとしていたのです。

クーデターを企てたのは、井田中佐、竹下中佐、畑中少佐、椎崎中佐、古賀少佐。彼らの作戦はこうでした。陸軍の重要なポストにいる人物を一人ずつ説得して、決起を促す。そして15日の午前2時をもって宮城★を占拠。天皇に終戦を考え直してもらうというものです。

彼らが狙ったのは、東部軍管区司令部★。率いていたのは司令官・田中静壹《しずいち》大将。それと近衛師団★。率いていたのは師団長・森赳《たけし》中将。

この2人の同意を得られれば、阿南陸軍大臣も必ず同意し、クーデターは成功すると考えたのです。

青年将校たちは計画を行動に移します。ところが、田中司令官は面会に来た畑中少佐に対し「馬鹿もん！　貴様らの言わんとすることはわかっとる！　帰れ！」と一喝しました。門前払いを食わされた畑中少佐が近衛師団へ行くと、椎崎中佐と井田中佐が森師団長を説得中でした。しかし、やはり頑として聞かない。そこでなんと、畑中少佐は森師団長を殺害してしまったのです。

14日、午後11時30分ごろ、天皇はマイクの前に立ち玉音を収録しました。

★宮城（きゅうじょう）　天皇の住まい。この呼び名は終戦後に廃止された。いまでは、皇居と呼ぶ。

★東部軍管区司令部　関東全域を受け持つ最強の軍団。馬場先門近くにあった。

★近衛師団　天皇を守る陸軍のエリート集団。その司令部庁舎は、現在の東京国立近代美術館工芸館となっている。

かくして戦争は終わった……

青年将校たちは次の行動を起こします。殺害した森師団長の判を奪い、偽の師団長命令を発令したのです。青年将校らは近衛師団に「宮城を占拠し玉音盤を奪取せよ」と指示しました。近衛師団にしてみれば、いまのいままで守っていた宮城を占拠し、玉音盤を奪えとの命令。おかしいと思うものの、命令には従うしかありませんでした。しかし、大勢で探したものの玉音盤は見つかりません。かくして玉音盤は守られ、8月15日正午、玉音が放送されました。

8月15日夜明け前、阿南大臣は自決。遺書にはこう書かれていました。「一死以て大罪を謝し奉る」。続いて、田中司令官も自決。そしてクーデターを起こした青年将校たちも、玉音が放送される前に宮城内の芝生の上で自決しました。戦争終結にあたって、多くの血が流れたのです。

ここがポイント!

- 陸軍の青年将校は玉音放送の録音を阻止しようとした
- クーデターを起こした青年将校たちは自決

戦争継続派によるクーデター計画が…

8月14日

正午ごろ	御前会議でポツダム宣言受諾を最終決定
午後2時ごろ	閣議で玉音放送決定
午後10時ごろ	戦争終結の詔書に閣僚署名
午後11時30分ごろ	玉音放送録音

陸軍・戦争継続派によるクーデター計画

陸軍の重要なポストにいる人物を1人ずつ説得し、決起を促す。
そして、15日午前2時決起し、宮城を占拠。
天皇に終戦を考え直してもらおうという計画だった。

8月15日

午前1時ごろ	●東部軍管区司令部・田中静壹《しずいち》司令官の説得失敗、追い返される。 ●近衛師団・森赳《たけし》師団長も説得できず、師団長を殺害。
午前4時ごろ	反乱軍、玉音盤を捜索。
午前5時ごろ	東部軍管区司令部・田中司令官が自ら鎮圧に乗り出す。
午前5時30分ごろ	阿南惟幾《あなみこれちか》陸軍大臣自決
午前7時21分	「天皇自らの放送」の予告アナウンス
午前10時30分ごろ	反乱軍の青年将校ら自決
正午	玉音放送

旧近衛師団司令部庁舎。現在は、東京国立近代美術館工芸館となっている。

4

GHQの占領下に置かれた日本 アメリカのしたたかな戦略

終戦の廃墟から立ち上がった日本。なぜ奇跡的な復興を遂げることができたのか。アメリカを中心とするGHQの政策と当時の歴史的背景をみておきましょう。

日本は戦後、こういわれていました。「復興には50年かかる」と。ところが日本は、劇的なスピードで復興を果たします。

戦後、日本を襲ったのは食料不足でした。戦争に男手を取られ、労働不足から農地が荒れ果て、米の収穫量は必要量の半分に落ち込みました。そこへ、朝鮮半島や旧満州から600万もの人が帰ってきたのです。

人々は比較的食料がある田舎へと、競って物々交換に出かけました。

日本は戦後、GHQ（連合国軍最高司令官総司令部）の占領下に置かれました。そのGHQを指揮していたのが、ダグラス・マッカーサー★元帥です。

彼は、日本を「二度と戦争を起こさない国につくり直そう」という目的をもってやってきました。そこで推し進められたのが、5つの改革指令です。

★ダグラス・マッカーサー
1880〜1964年。アメリカの軍人。太平洋戦争でアメリカ軍極東司令官として戦う。日本の攻撃に、フィリピンを追われた際、オーストラリアに脱出する前、「アイ・シャル・リターン」（私は帰ってくる）という言葉を記者団に残した。

①「女性の解放」

戦争前、女性には選挙権がありませんでした★。戦後はさまざまな分野で男女平等が掲げられ、婦人参政権が認められました。

②「労働組合の結成」

終戦前は雇い主の立場が強く、低賃金で労働条件も劣悪。労働組合の結成が認められ、労働者のさまざまな権利が保障されました。

③「教育の民主化」

戦中の小学校では、軍国主義のもと、兵士になるための訓練まで行われました。軍国主義や天皇崇拝に関する教育は禁止。子どもたちは民主主義を学びました。義務教育も6・3・3の現在と同じ9年に延長。

④「秘密警察の廃止」

反政府的な思想や運動は、戦前から特別高等警察★により厳しく取り締まられてきましたが、秘密警察組織は廃止。捕らわれていた多くの政治犯は釈放されました。

⑤「経済の民主化」

終戦前、地主と小作人の格差が大きかった農村。大地主から強制的に農地を買い上げ、土地を持たない小作人たちに安く分け与える農地改革によって、農民一人ひとりの労働意欲もアップ。農家の1世帯当たりの年間所得も大幅に増

★女性には選挙権がありませんでした　国民に等しく選挙権を認めるのが普通選挙。日本では、1925年に男性、1945年に女性の普通選挙が認められた。

★特別高等警察　危険思想の取り締まりを専門に行った警察。1911年に設置。略して「特高（とっこう）」と呼ばれた。

えました。また財閥と呼ばれる巨大企業グループを解体し、経営者一族が独占していた株を買い上げ、経済の自由競争を促しました。

朝鮮戦争特需が復興の後押し

アメリカは、日本人の食生活も変えようと思いました。日本の食料不足を解消するため、小麦を無償援助。配給は米からパンになり、これをきっかけに日本人の食生活は変わっていきます。アメリカは、戦地に送るための小麦が余っていたのです。小麦が処分できるうえに、子どものころからパンの味を覚えれば、その後の日本での市場拡大につながる。アメリカのしたたかな戦略です。

そして、戦後復興を後押しする出来事が起こります。朝鮮戦争★の勃発です。韓国を支援するアメリカは、戦地に近い日本から生活・軍事物資を大量に買い付けました。朝鮮戦争特需もあって、日本は劇的な復興を遂げました。

★朝鮮戦争　1950年6月に朝鮮半島で起きた韓国と北朝鮮との戦争。1953年7月に休戦協定を結んだ。いまだ休戦状態にある。

ここがポイント!

- GHQは日本で5つの改革を推し進めた
- 日本の劇的な復興の陰に朝鮮戦争の勃発

二度と戦争を起こさない国につくり直す

GHQ
（連合国軍最高司令官総司令部）
の5大改革指令

1 「女性の解放」

2 「労働組合の結成」

3 「教育の民主化」

4 「秘密警察の廃止」

5 「経済の民主化」

東京・日比谷の旧GHQ本部ビル。

厚木飛行場に降り立つマッカーサー
（1945年8月30日）。
写真＝近現代 PL/ アフロ

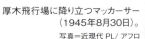

終戦前後に起きた4大地震 それでも日本は立ち上がった

終戦前後に巨大な地震災害に見舞われた東海地方。軍需工場が多かったこの地域は、空襲の被害も甚大でした。その復興の道のりはどうだったのでしょうか。

終戦前後の混乱期、実は、日本は大きな自然災害に見舞われました。1943年から4年連続で大地震が発生したのです。

●1943（昭和18）年　鳥取地震（M7・2）
●1944（昭和19）年　昭和東南海地震（M7・9）
●1945（昭和20）年　三河地震（M6・8）
●1946（昭和21）年　昭和南海地震（M8・0）

しかし、その事実はほとんど知られていません。新聞にも、ほんの小さく掲載されただけ。1944年の昭和東南海地震は、12月7日に起こりました。翌12月8日が開戦日だったため、戦時中の報道管制によって戦意を低下させるような記事は大きく扱えなかったのです。さらに、敵国に軍需工場などの被害を知られないためでもありました。

これらの地震で、死者、行方不明者はおよそ6000人。とくに被害が大きかったのが東海地方です。東海地方には軍需工場が多かったので当然、爆撃の対象に★なります。そこへ地震の被害が重なりました。二重の被害で、町は壊滅状態。当時の悲惨さは慰霊碑に刻まれた文言からもわかります。

「この世の生き地獄そのもの」

政府をあてにできなかった住民は、自らの手で「地震小屋」と呼ばれる簡易住宅を建て、苦難を乗り越えました。

東海地方は〝世界最高の戦闘機〟とうたわれた「ゼロ戦」をつくり出したところです。さまざまなハイレベルな技術がありました。しかし、その技術者たちは戦後、解散を命じられました。散り散りになった技術者たちが、また産業を担いました。そのひとつが、自動車です。

東海地域には誰もが知っている、トヨタの自動車工場があります。実は、世界に誇るいまの技術発展の礎は、この時代に築かれたものも少なくありません。軍需工場で働いていた技術者たちが、その技術を復興に役立てたのです。

復興を支えた職人魂

東海地方の静岡県・浜松には、ヤマハ株式会社の本社もあります。戦後の復

★爆撃の対象に　名古屋周辺をはじめ、岐阜県・各務原や、静岡県・浜松など、軍需工場が爆撃の対象となり、空襲の被害に遭った。

興を象徴する企業のひとつです。
日本楽器のブランド名だったヤマハ★は、戦前、年間2500台以上のピアノを生産していましたが、戦時中の生産台数はゼロに。天竜工場は、1944年の昭和東南海地震により倒壊。その半年後の1945年には、空襲や砲撃により多くの工場が全焼しました。しかし、職人たちは立ち上がります。
敗戦直後、国内のピアノメーカーの多くは、ピアノの生産をストップしていましたが、ヤマハの職人たちは、設計図などをほとんど消失した中で記憶と経験だけを頼りに、ピアノづくりを開始。そして終戦から5年後の1950年、戦後初の国産のコンサートグランドピアノを完成させます。その完成度の高さには、世界が驚きました。ものづくり日本——復興の原動力は、職人たちの技術と情熱でした。「復興には50年かかる」といわれていたのに、わずか10年でおおよそのメドをつけることができたのです。

★ヤマハ　本社が静岡県浜松市にある楽器・半導体・スポーツ用品・自動車部品製造発売を手がける日本のメーカー。楽器業界の雄。

1950（昭和25）年、戦後初の国産コンサートグランドピアノが完成した。

ここがポイント！

東海地方は爆撃による被害のほかに大地震も

大地震のことはほとんど報道されなかった

終戦前後に起きた4大地震と死者・行方不明者の数

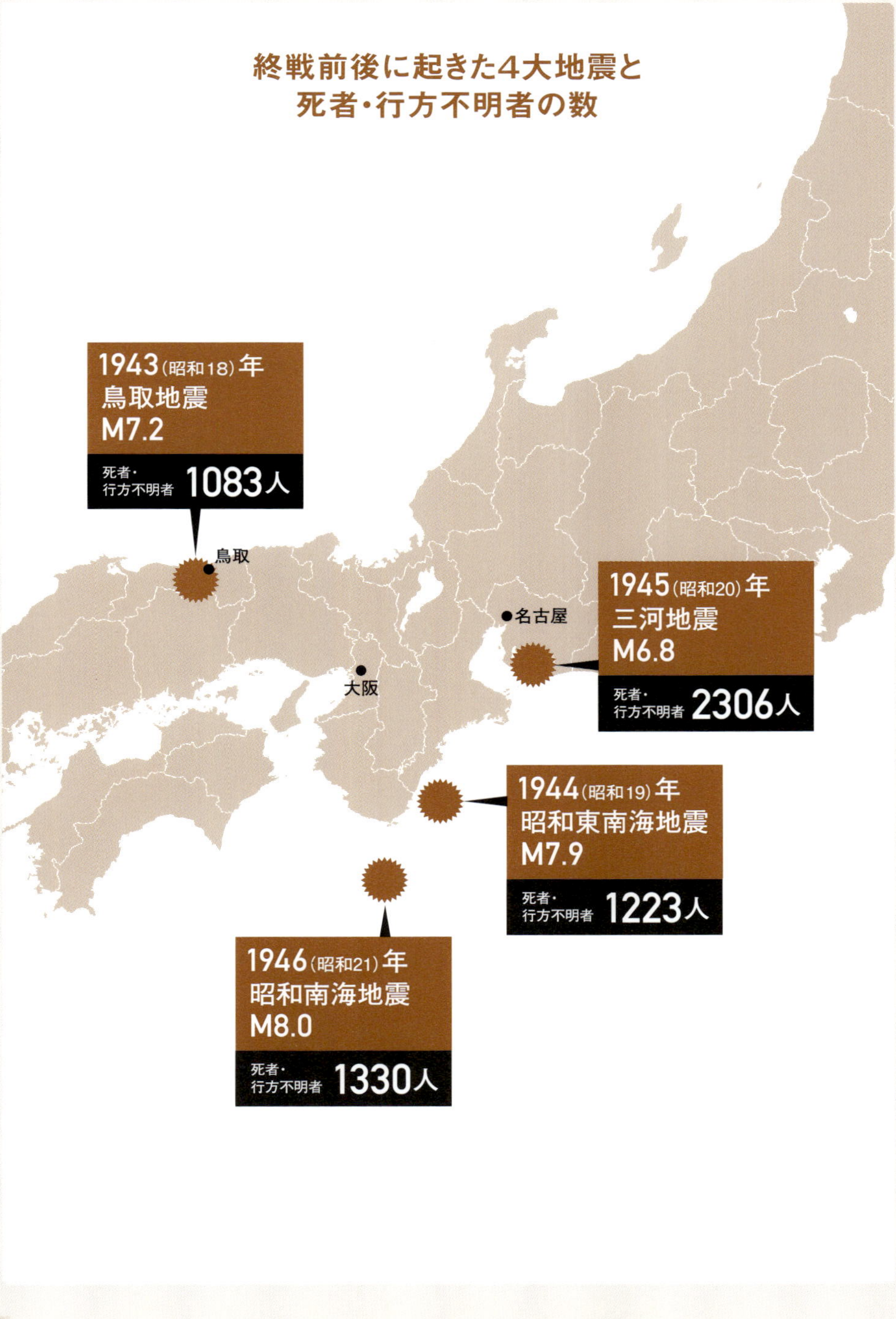

戦争体験を次の世代にどう伝えていくのか？

戦争を次の世代にどのように伝えていくのかは、どの国にとっても重要な課題です。番組では、イギリスとアメリカの取り組みを訪ねました。

イギリス・ロンドンにある「帝国戦争博物館」。ここは第1次世界大戦から第2次世界大戦をはじめとして、イギリスの軍事史を伝える博物館です。入り口の庭にある巨大な大砲がまずは私たちの目に飛び込んできます。展示物はすべて実際に戦争で使われたもの。そこには戦争の現実が漂っています。

中に入ると、塹壕（敵の砲撃や銃撃から身を守るために使った穴または溝）が再現されていました。当時の火薬、兵士たちの汗、血の臭い、これらが入り交じった鼻をつく異様な臭いを実にリアルに再現しています。これが戦争の臭いなのです。

博物館の中には、イギリスの敵国であったドイツ、日本についての展示もあります。ドイツ・ナチスの鷲の像や、神風《かみかぜ》のはちまきをした日本人兵士の像が飾られています。

番組がもうひとつ訪ねたのは、アメリカ・ワシントンにある「ニュージアム」です。これは、ニュースとジャーナリズムに関する双方向型の博物館です。ケネディ大統領の暗殺、9・11同時多発テロ事件などの報道の展示物があります。戦争や紛争、事件をどのように伝えていくべきなのか。これはとても大切なことです。報道されない戦争や紛争は、忘れられたもの、なかったものになってしまいます。誰かが現地に行って取材しなければ伝わらないのです。

アメリカ・ワシントンにあるニュージアム。

イギリス・ロンドンにある帝国戦争博物館。

こちらも第1次世界大戦で初めて使われたマシンガン。1分間に600発の弾を発射することができる。これで敵の軍勢を食い止めた。いわゆる大量殺戮兵器の始まりだ。

第１次世界大戦で初めて兵器として使用された毒ガス。戦場の兵士たちは、毒ガスに苦しみながらバタバタと倒れた。これに対するためにガスマスクが使われたのだ。

イギリスの敵国であったドイツ・ナチスの鷲の像も飾られている。

鼻をつく異様な臭いまでをリアルに再現した塹壕。これが戦争の臭い。

ニュージアムからレポートを伝える池上と大江麻理子キャスター。

戦闘機、爆撃機の展示の様子。

戦後70年の節目、安倍首相談話は?

2015年は戦後70年の節目の年です。安倍晋三首相は、これに合わせて、「戦後70年の首相談話」を発表する方針です（2015年7月中旬現在）。

過去の首相談話は、日本の過去の侵略と植民地支配を謝罪するものでした。これからは未来志向の談話にしたい——。これがかねての安倍首相の考えでした。談話が発表されたあとにこの本を手にとられた方も多いと思います。ここでは、首相談話の背景を振り返っておきましょう。

1995年8月15日、戦後50年の節目に、当時の村山富市《とみいち》首相は、先の戦争をこう謝罪しました。

「わが国は遠くない過去の一時期、国策を誤り、戦争への道を歩んで国民を存亡の危機に陥れ、植民地支配と侵略によって、多くの国々、とりわけアジア諸国の人々に対して多大の損害と苦痛を与えました」（村山談話）。

ちなみに、村山内閣とは、社会党委員長の村山富市を首班として発足した自民党、社会党、新党さきがけの3党による連立政権でした。

2005年8月15日には、戦後60年の節目で、当時の自民党政権の小泉純一郎首相が、村山談話を踏襲する形で談話を発表しています。

安倍首相の談話は、この村山談話や小泉談話を踏襲するかどうかが最大の焦点とみられていました。これがなぜ焦点になったのかといえば、安倍首相の日ごろの言動から、「植民地支配」や「侵略」という言葉を使いたくないことがわかったからです。こうした言葉に触れることなく、「日本は戦後、平和の道を歩んできた。今後も平和を大切にしたい」というレベルの談話では、「日本は戦争責任を認めないのか」という批判が、中国や韓国から出てくることは明らかだったからです。アメリカも不快感を示すかもしれません。

安倍首相がどんな言葉で語ったのか。それが未来を開くものになったのか、それとも新たな対立を招き寄せるものになったのか。世界が注目している談話をあなたもぜひ読んでみてください。

第3章

戦争を起こした独裁者と熱狂

第3弾の放送で、アラブの春の後のリビアを取材。
カダフィの屋敷跡の付近、
空爆の跡が生々しい。

第3章
戦争を起こした独裁者と熱狂
1

すべてはお国のため！ 庶民の生活はだんだん窮屈に

日中戦争が本格化するなか、国を挙げて戦争に協力する体制が整えられていきます。経済統制をはじめ、国のためにすべての国民が駆り出されるようになっていきます。

日中戦争が本格化した1937年8月、近衛内閣は「挙国一致」などをスローガンに、国民精神総動員運動★を始めました。国全体が、ひとつの目的に向かって頑張ろうというわけです。

日中全面戦争開始以降、戦力を急激に増やしていった日本軍は、真珠湾攻撃のころ、兵士の数は241万人に達していました。その後は「赤紙《あかがみ》」を大量に発行し、終戦時には700万人以上に。戦地では兵士の数が足りず、男たちは訓練もそこそこに戦場へと送り出されました。

「赤紙」とは臨時召集令状（37ページ参照）のこと。こう呼ばれたのは、紙がほんのり赤かったからです。召集されれば軍服が支給され、新しい兵士が誕生します。当時、銃は〝天皇からの賜り物〟とされ、厳粛な雰囲気の中で銃を受

★国民精神総動員運動　1937年、日中戦争勃発後、近衛内閣が戦争遂行のために打ち出した運動。日本精神の高揚を図った。

け取り、戦地へと送られていきました。

１９３９年7月には、国家総動員法に基づいて、国民徴用令が施行されます。これにより政府は、「徴用」といって、国民を強制的に動員し、軍需工場などで働かせることができるようになります。国民に徴用を命じる「徴用告知書」は、「赤紙」に対して「白紙《しらかみ》」と呼ばれました。

強まる経済統制

物資は軍需優先。「ぜいたくは敵」です。

戦時中、経済活動を担っていたのは女性でした。最初こそ、炭鉱での女性の仕事といえば、掘り出した石炭を石炭の品質や粒子の大きさに応じて分別する「選炭」という作業でしたが、男たちが減ると、石炭を掘るのも女性。牛を使って農地を耕すのも女性。軍需工場でも、女性がかなり危険な作業に従事していました。

昔の小学校（尋常小学校）は「普通の小学校」という意味の名前だったのですが、１９４１年、「国民学校★」に変わります。つまり、よい国民を育てる学校。よい国民とは、お国のために命を投げ出せる人です。

１９４５年には国民学校初等科を除くすべての学校が1年間授業を停止。生徒たちは軍需工場などに動員★されました。

★国民学校　１９４１年4月に小学校を改称。１９４７年3月の学制改革で廃止されるまで続いた。

★生徒たちは軍需工場などに動員　学徒動員のこと（34ページ参照）。

敵性語（敵国の言葉）は、すべて日本語に置き換えられました。たとえばアナウンサーは「放送員」、レコードは「音盤」、コロッケは「油揚げ肉饅頭」、カレーライスは「辛味入汁掛飯」といった具合。

１９４１年には、一般車のガソリン使用が全面禁止になります。アメリカから石油が入ってこなくなったからです。代わりに登場したのが木炭自動車。ガソリンスタンドの代わりに、木炭スタンドが設置されました。

１９４０年には配給制度が始まります。まずは砂糖、マッチが配給となりました。１９４１年には、「金属類回収令」が公布されます。戦闘機や鉄などをつくるため、工場や企業だけでなく、家庭にも鍋釜やバケツといった金属の供出が命じられたのです。

当時、こんな言葉が命じられました。「家庭鉱脈」。そのうち、お寺の鐘や仏具なども対象になっていきました。

ここがポイント!

- 戦時中の経済活動を支えていたのは女性や子ども
- 敵性語はすべて日本語に置き換えられた

すべてをお国のために、人も物も……

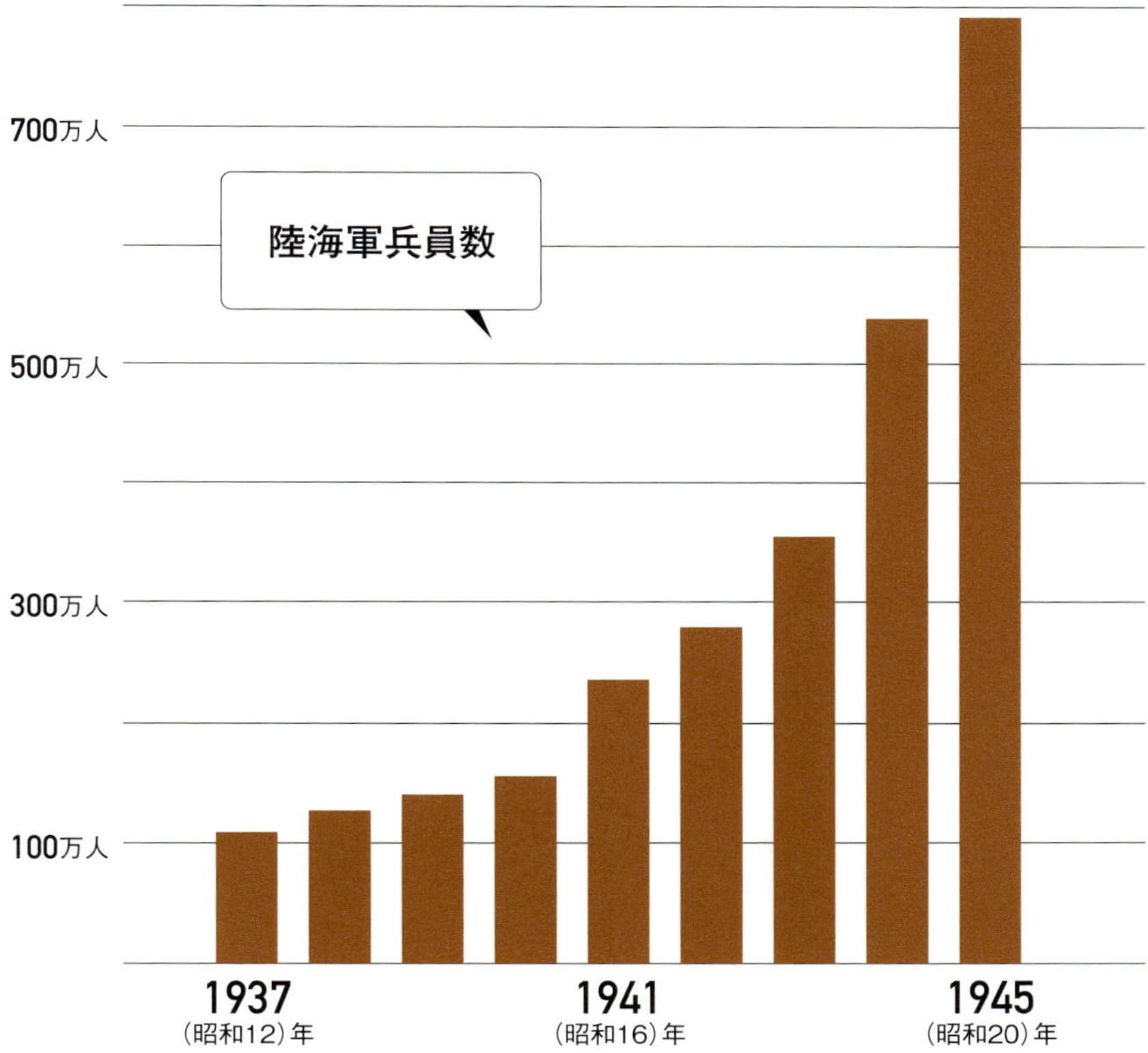

配給になった主なもの

1940年
砂糖、マッチ

1941年
米、小麦粉、酒類、木炭、食用油

1942年
塩、味噌、しょう油、衣料品、パン

1943年
洋傘、氷

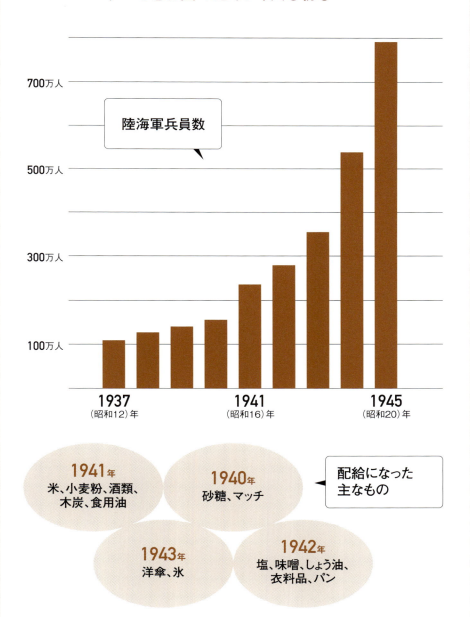

お国のためと熱狂する国民をさらに煽ったマスコミ

たとえ直接戦争に携わっていなくても戦争に参加するという「銃後の守り」の考え方。お国のために、とさらにマスコミが煽っていきました。

ラジオから日本軍の連戦連勝が伝えられる一方、国民の暮らしは厳しさを増していきました。

近所では「隣組★」がつくられました。たとえば、空襲に備えて隣組で防空訓練をする。参加しないと「非国民★」と呼ばれました。隣組は「ご近所で助け合いましょう」という麗しい意味もある半面、結果的に監視をし合う。これも戦争への意識を高めるためです。

さらに、人々に恐れられた職業があります。「憲兵」です。憲兵とは、陸軍警察のこと。軍隊内の秩序維持が主な任務でしたが、次第に権限を拡大。一般の人々の生活も取り締まるようになっていきました。

職権が強いので、度が過ぎることも。髪が伸びた若い兵士を15分間びんたし

★隣組　1940年に政府の通達によってつくられた。大政翼賛会の末端の組織。

★非国民　国民としての義務を守らない人物や国民の本分に違反する人物を指す蔑称。国民が国民を監視し合う社会の典型的な言葉といえる。

続けるなどということもあったようです。いまでは考えられません。

「お国のために」と熱狂する国民をさらに煽ったのが、マスコミです。どうしてマスコミが戦争を支持することになったのか。支持したほうが新聞が「売れる」からです。

日中戦争をきっかけにラジオが普及し、人々は新聞を取るようになりました。戦地へ行った夫や息子の様子を知るためです。

そんななか、大阪朝日新聞の不買運動が起こりました。大阪朝日新聞は戦前、「日本の軍備を縮小すべきだ」、あるいは中国大陸でどんどん勢力を拡大していく軍隊を批判したりしてきたからです。

「みんなで戦っているときに、軍部を批判するとは何事だ！」と、購読者が次々に新聞を取るのをやめたため、部数が減っていきました。

ただ、こういうことは日本だけではありません。

アメリカがイラク戦争★（２００３年）を開始したときを思い出してください。メディアもブレーキがかからなくなっていました。

ブッシュ大統領がイラクを攻撃するというとき、それに反対した人はそれこそ「非国民」扱い。「間違った戦争だ」と思っても、それを口にできなくなってしまいました。〝空気〟ですね。

★イラク戦争　２００３年3月、イラクのサダム・フセイン政権打倒を目的に、国連安保理の決議がないまま、アメリカ、イギリスを中心とする連合国軍がイラクを攻めた戦争。９・11同時多発テロ事件後、反イスラムの空気のなか、ブッシュは、テロとの戦いを呼びかける演説で、「イラクは、イラン、北朝鮮と並んで悪の枢軸国だ」と批判していた。

戦争に協力する「大政翼賛会」成立

日本はいまでも、国民に人気のある政治家が出てくると、マスコミはなかなかその政治家の批判をできなくなってしまいます。批判的に報道すると、批判した新聞社やテレビ局に抗議が殺到するからです。戦争となると、ますますみんな右へならえになっていく。1940年、首相の近衛文麿《このえふみまろ》は、ナチスのような強力な政党を中心にした新しい政治体制を目指そうとしました。

第2次近衛内閣成立後、挙国一致で戦争に協力しようとつくられたのが「大政翼賛会★」。議員の多くがその傘下に入りました。議会は、軍部の暴走を止める術を失います。市民の間でも、隣組をはじめ、愛国婦人会や大日本国防婦人会が各地にでき、かっぽう着を着たお母さんたちが「銃後★の守り」や「銃後の備え」といって「みんなで国を守りましょう」と盛り上がったのです。

★大政翼賛会　1940年10月、第2次近衛文麿内閣が新体制運動を推進するために創立した組織。各政党は同調して解党し合流した。

★銃後　戦場の後方のこと。転じて、直接戦闘行為には携わっていないが、間接的になんらかの形で戦争に参加・協力している一般国民のことを指す。

ここがポイント!

- **隣組がつくられ、憲兵は一般の人も取り締まった**
- **軍部を批判する新聞には、不買運動が起こった**

「お国のために」、お互いを監視する社会に

1940年ごろの愛国婦人会などのポスター。銃後の守りという考え方のもと、全国的な戦争協力体制の表れといえる。

戦地で戦う兵士への感謝をうたったポスター。左上に見えるのは、当時の家の中を再現したもの。戦時中の灯火管制下、電灯には黒い布をかけて、外に光が漏れないようにしていた。

ヨーロッパでも熱狂があった独裁者の共通点は？

第2次世界大戦前のヨーロッパでも、同じように独裁と熱狂がありました。ドイツ・ナチスのヒトラーです。合法的に独裁者となれたその理由とは？

当時、ヨーロッパでも、大変な熱狂がありました。熱狂させた人物は、20世紀最大の独裁者と呼ばれたアドルフ・ヒトラー。第2次世界大戦の中心人物です。

そのほかにも、ファシズム★の創始者といわれたイタリアのムッソリーニ、「国を強くするために子どもは5人以上産め」という政策をとったルーマニアのチャウシェスク、大変疑り深い性格でとにかく怪しい人物は次々に殺していったソビエト連邦のスターリン、大躍進政策の大失敗で、多くの国民を餓死させた中国の毛沢東……、とここまでは過去の独裁者ですが、現役の独裁者もいます。シリアのアサド★大統領は、民主化運動を徹底的に弾圧し、いまなお死者を出し続け、内戦は収まる気配がありません。

★ファシズム　反民主主義の全体主義的な独裁政治、思想のこと。イタリアのムッソリーニが結成したファシスト党が提唱したのが始まり。

これらの独裁者に共通する点は何でしょう。国民から熱狂的な人気を得た人物。熱狂に支えられて独裁者になった人たちです。

なぜ人々は独裁者に熱狂するのか。

ヒトラー誕生の背景からみていきましょう。

ドイツは第1次世界大戦の敗戦国となり、1919年、ヴェルサイユ条約に調印します。戦後賠償金を要求されました。実にその額は当時のドイツのGNP（国民総生産）の20年分にもあたりました。

つまり、ドイツ国民がつくり出したすべてのものを20年間、勝った国に払い続けなければならない。それだけのお金はないので、無理やりお金をつくるためにどんどん紙幣を刷ってまかなおうとします。

その結果、ドイツでは極度のインフレが起こり、街には失業者があふれました。そこへ、アメリカ発の世界恐慌★が襲います。

ヒトラーは合法的な国民投票で選ばれた

そんな空気のなか、彼は出現します。

「なんとか、苦しい状況から私たちを救ってくれる人はいないか」

ドイツ国民は強いリーダーを求めていました。現れたのがヒトラーです。

ヒトラーは最初から独裁者として出現したわけではありません、民主的に選

★アサド　1970年11月、ハーフィズ・アル＝アサドがクーデターで実権を握り、翌年、大統領に就任。それ以降、2000年6月に死去するまで独裁者として君臨。死後は、息子のバッシャール・アル＝アサドが大統領に就いた。「アラブの春」の民主化の波がシリアに及ぶと、アサド政権は治安当局による監視体制を強化。武力による弾圧を行うに至る。これに周辺諸国からの武器供与を受けた反体制派組織が抗戦し、内戦状態に突入。現在は、IS（自称「イスラム国」）やクルド人勢力などとの争いでさらに混乱が増している。

★世界恐慌　1929年10月24日に起こった、ニューヨーク証券取引所の株価の大暴落を引き金に世界的な大恐慌を引き起こしたことを指す。

ばれたのです。

ナチ党（国家社会主義ドイツ労働者党）は、１９２８年にはわずか12議席しかありませんでした。ところが１９３０年には１０７議席、１９３２年には２３０議席を獲得し、ヒトラーが首相に就任します。

その後、ヒンデンブルク大統領が死去すると、大統領と首相を兼務する「総統」に就任することを宣言。「総統になっていいかどうか」を問う国民投票を行うのです。結果、投票率は95・7％、賛成が89・9％。

つまり、熱狂の中から独裁者は誕生したのです。「敵がわれわれを倒すか、わが敵を倒すかだ」と叫ぶヒトラーに、国民は運命を託しました。

１９３３年、ヒトラーは「全権委任法★」（ヒトラー政権に政治を遂行するために必要な全権を委譲した法律）を制定し、〝合法的な〟独裁体制を確立させるのです。

★全権委任法　第１次世界大戦後、ドイツは、最も民主的といわれたワイマール憲法のもとにあった。しかし、この全権委任法によって、ワイマール憲法は事実上廃止状態となってしまった。

ここがポイント！

- 巨額な賠償金にドイツ国民の不満が爆発
- 全権委任法により、ヒトラーの独裁体制が確立

世界にはこんな独裁者が！

ドイツ
アドルフ・ヒトラー
20世紀最大の独裁者
（1889〜1945年）

イタリア
ベニート・ムッソリーニ
ファシズムの創始者
（1883〜1945年）

ソビエト連邦
ヨシフ・スターリン
血の粛清
（1878〜1953年）

ルーマニア
ニコラエ・チャウシェスク
子どもは5人以上産め！
（1918〜1989年）

中華人民共和国
毛沢東
大躍進政策
（1893〜1976年）

北朝鮮
金日成
偉大なる首領様
（1912〜1994年）

カンボジア
ポル・ポト
メコンのヒトラー
（1928〜1998年）

北朝鮮
金正日
親愛なる指導者
（1941〜2011年）

シリア
バッシャール・アル＝アサド
狂乱の暴君
（1965年〜）

イラク
サダム・フセイン
砂漠の独裁者
（1937〜2006年）

リビア
ムアンマル・アル＝カダフィ
アラブの狂犬
（1942〜2011年）

「ユダヤ人」という敵をつくりドイツ国民を団結させたヒトラー

なぜ、ヒトラーは独裁体制を築くことができたのか？　その鍵は、共通の敵をつくるということでした。反ユダヤ主義を掲げたのです。

ヒトラーが掲げた当時の政策は「反ユダヤ主義」でした。

当時のドイツは、不況の中、国民は貧しい生活を強いられていました。しかし一部のユダヤ人★たちは裕福な暮らしをしていました。ドイツ人たちは、ユダヤ人に対し反感を抱くようになります。その反感を利用して、ユダヤ人という共通の敵をつくった。敵をつくると国民が団結し、ヒトラーを支持する。

こうしてユダヤ人の迫害が、国家規模で起こりました。

その第一歩として行ったのが「強制隔離」。町の一角の〝ゲットー★〟と呼ばれるユダヤ人居住地域に、ユダヤ人を閉じ込めたのです。

ユダヤ人と、ひと目でわかるように手に印を押され、自由に買い物や仕事もできないように追い込まれていきました。

★ユダヤ人　ユダヤ教を信仰する人たち。紀元前2000年ごろからパレスチナ地方に住む。その後、世界に離散したが、1948年にイスラエルを建国。

★ゲットー　ヨーロッパの各都市でユダヤ人が強制的に住まわされた居住地区のこと。キリスト教社会となったヨーロッパで、イエスを十字架にかけた者の子孫とされるユダヤ人は差別を受けた。

劣悪な環境の中、伝染病が蔓延。まともな食事も与えられず、ゲットーに収容されたユダヤ人の4分の1が、命を落としたといわれています。

しかし、残ったユダヤ人たちにも、さらなる地獄が待っていました。100万人を超えるユダヤ人が送られた絶滅収容所＝アウシュビッツ★。

ヒトラーはポーランド（当時はドイツの支配下にあった）に、ユダヤ人を絶滅させる施設をつくりました。ここへヨーロッパ全土から、次々とユダヤ人が移送されてきました。ユダヤ人たちは出発前、こう聞かされていました。

「東の土地で新しい生活を始めるのだ」

しかし、ユダヤ人を待ち受けていたのは、300もの収容棟が並んだアウシュビッツ収容所。ここに収容されたのはたった25％くらいで、残り75％はガス室へと送られました。

ドイツ人医師による生死の選別

軍服を着たドイツ人医師が、収容するかガス室で殺すか、即座に判断。労働力にならない14歳未満の子どもは、母親とともに無条件でガス室へ送られます。大小7つの建物で、1日に数千人が殺されました。シャワーを浴びると言われて、ガス室に入れられると、天井にあいた穴から毒薬（チクロンB・殺虫剤）が降ってくる。人々は20分ほど苦しんだ末に絶命します。

★アウシュビッツ　ポーランドにあるアウシュビッツ＝ビルケナウ強制収容所。ナチス・ドイツによるユダヤ人弾圧で、最大の悲劇が生じた。この収容所は負の遺産として世界遺産に登録されている。

死体の処理は、すべてユダヤ人特命労働隊の仕事でした。つまり同胞に行わせていたのです。ドイツ兵はむごい光景を見ないことで、さして罪悪感にさいなまれることなく、淡々と迫害を遂行できます。

一方、選別で生き残ったユダヤ人には過酷な労働が待っていました。わずかな食事で、労働は1日11時間以上。選別は、収容された後も毎晩続きました。仕事が終わると点呼があり、それ以上使えそうにない人が選ばれるのです。それは「死」を意味しました。

死体からは金品が回収されました。女性の髪からは生地をつくり、金歯は溶かして金塊に、皮膚ははがして紙に。ナチスは死体さえも利用し尽くしました。殺人が産業になっていたのです。ナチスは終戦間際、証拠隠滅のためにこのガス室を爆破しています。1945年、アウシュビッツの解放までに、収容所に送られて生還できたのは、わずか10％に過ぎませんでした。

ここがポイント!

- ヒトラーが掲げた目玉政策が「反ユダヤ主義」
- アウシュビッツに送られ生還したユダヤ人は10％

ヒトラーの出現の背景と経緯

第1次世界大戦後のドイツ

- 賠償金 GNP20年分
- ハイパーインフレ 1兆倍
- 1929年 世界恐慌

↓

強いリーダーを!

↓

アドルフ・ヒトラー、ナチスの台頭

1921年	ヒトラー、ナチス党の党首に	
1923年	ミュンヘン一揆でヒトラー逮捕される	
1925年	『我が闘争』刊行	
1928年		ナチス党議席 12
1929年	世界恐慌	
1930年		ナチス党議席 107
1932年		ナチス党議席 230
1933年	首相に就任	
1934年	ヒンデンブルク大統領死去 「総統」就任を宣言	

国民投票 投票率 95.7%
賛成が 89.9%

写真= Mary Evans Picture Library/ アフロ

独裁者ヒトラーがいまに続く〝あの問題〟を生んだ

なぜ、ヒトラーが反ユダヤ主義政策をとったのか？　それには、ユダヤ人の歴史を学ぶこと。歴史的背景を知ることで未来が見えてくるのです。

ヨーロッパで、なぜユダヤ人が迫害されることになったのか。ヨーロッパはイエスを救世主★とするキリスト教徒が圧倒的に多い地域です。

イエスが十字架にかけられたとき、何があったのか。4つある福音書のひとつ、『マタイの福音書』に、ユダヤ人迫害の理由が記されています。

当時のイエスはユダヤ教徒でした。しかし、ユダヤ教の改革運動をしたことによって睨まれ、十字架にかけられます。

このあたりはローマ帝国の支配下にあり、ローマから派遣されてきたピラトという総督がイエスに対して同情的になります。「この者を処刑する必要があるのだろうか？」と疑問に思いました。押し寄せてきたユダヤ人たちに「果たして十字架にかける必要があるのか？」と問いかけたところ、集まったユダヤ

★救世主　ユダヤ教、キリスト教、イスラム教では、神によってこの世界がつくられた。やがて世界の終わりがくる、世界の終わりがくるときに救世主が現れる、救世主が人々を導いてくれる――という思想がある。キリスト教では、この救世主がイエス・キリストだと考えている。

人たちが十字架にかけろと叫んだというのです。そして「その血の責任は、われわれとその子孫にある」と処刑を促しました。

つまり、将来報いになっても構わないとユダヤ人が言った。

キリスト教が広がっていくと、「イエスを十字架にかけたユダヤ人とその子孫は許せない」と、ユダヤ人たちがキリスト教社会の中で迫害を受けるようになります。とりわけ中世のヨーロッパでは、大変差別され、自由に職業も選べませんでした。

当時のヨーロッパで最も嫌われていた仕事は「金貸し」。シェイクスピアの作品『ヴェニスの商人★』にも悪役として描かれています。ユダヤ人はこの仕事に就くしかなく、それでも一生懸命に働きました。そこで成功し、金融業で財を成したユダヤ人が大勢出てきたのです。

そうなると、貧しいキリスト教徒は、ますますユダヤ人を憎むようになります。ここから、ヨーロッパでユダヤ人差別が広がっていくのです。

「反ユダヤ主義」は、ヒトラーが新しくつくったのではなく、以前からあった反ユダヤ感情を、独裁のためにうまく利用したといえます。

そのヒトラーに、国民が熱狂してしまった。

しかし戦後は、ユダヤ人の運命★に世界中の人々が同情的になります。ユダヤ人は自分たちの祖国をつくりたいと、中東のパレスチナにイスラエルを建国

★ヴェニスの商人　シェイクスピアの喜劇。ユダヤ人の高利貸しシャイロックから借りたお金を返せなくなったヴェニスの商人アントーニオの話。

★ユダヤ人の運命　1945年、ドイツの強制収容所で15歳の若さで亡くなったアンネ・フランク。彼女が残した日記は『アンネの日記』として出版され、約70カ国語に翻訳されて世界中で読まれた。世界の人々はユダヤ人の運命に同情した。

しました（1948年）。
それで発生したのが、パレスチナ問題。強引な言い方かもしれませんが、ヒトラーの政策が中東問題をつくり出す遠因になったともいえるのです。

歴史を知り、冷静に立ち止まって考える

そもそもそういう歴史を知ることが、大事なことだと考えます。熱狂すると危険かもしれない。私たちがこうした過去の歴史を知っていると、熱狂の中で冷静な気持ちになり、ちょっと待てよ、と立ち止まることができます。
みんなが一緒に共通の敵と戦おうとなると、熱狂する、あるいは連帯感が生まれる。しかしそれは、恐ろしい結果を生み出す危険性がある。これはいつの時代も、どこの国でも起こりうることなのだということを、知っておかねばなりません。

ここがポイント!

いまのパレスチナ問題はヒトラーが生んだともいえる

「熱狂」は時として恐ろしい結果を生み出す

現在の「パレスチナ問題」の歴史的背景は？

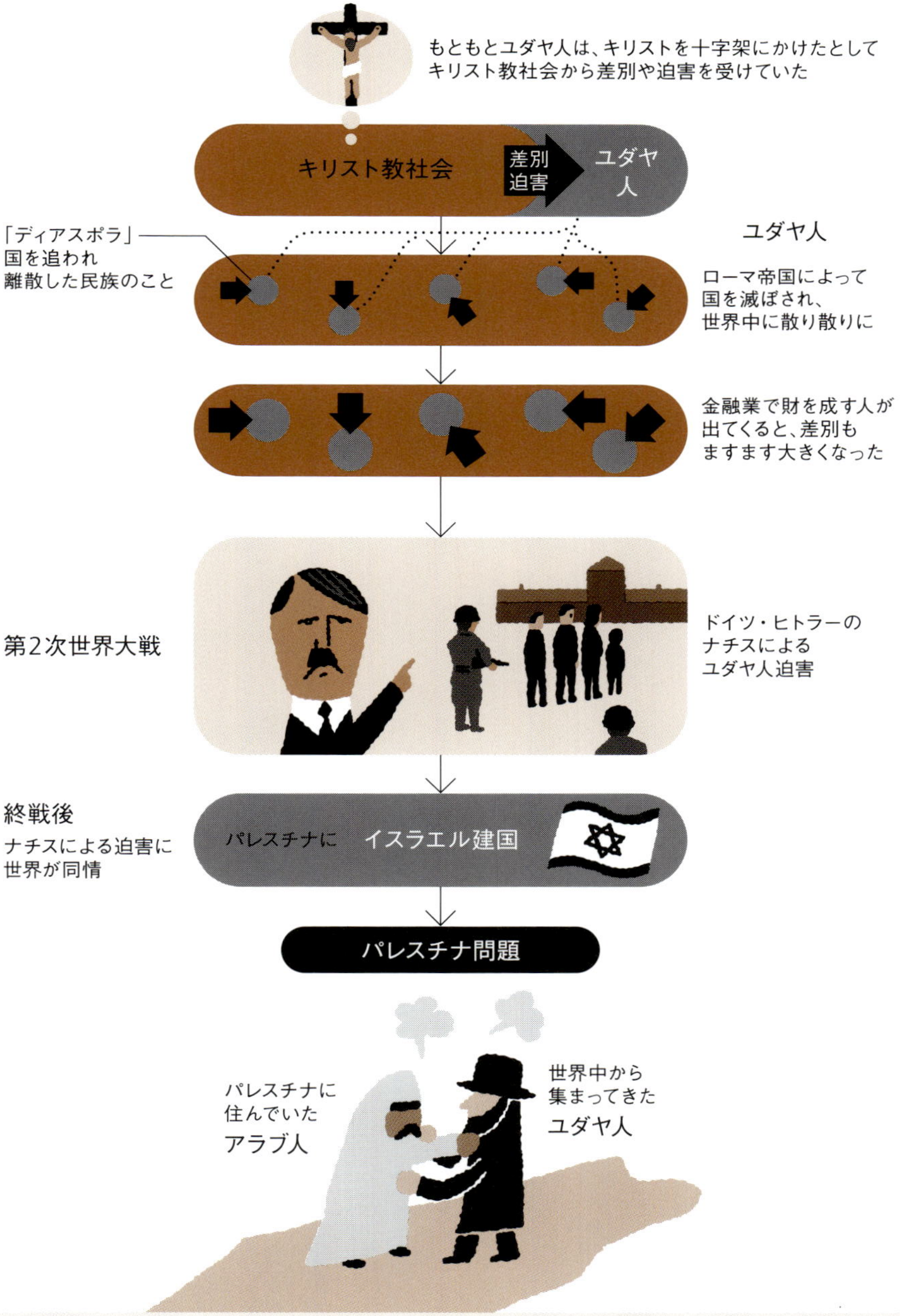

現代の独裁者カダフィとは何だったのか？

「アラブの春」と呼ばれる民主化運動で多くの長期独裁政権が崩壊。番組では、カダフィ政権が倒れてから10カ月を経過したリビアを訪ねました。

「アラブの春★」により、長年権力を握ってきた〝独裁者★〟が相次いで倒れました。リビアで40年以上にわたり独裁者として君臨したカダフィ★も、２０１１年10月20日に殺害されます。かつては国民に熱狂的な支持を得ていたカダフィ。しかし、訪れたカダフィ邸跡は、ＮＡＴＯ軍からの空爆を受けてがれきの山になっていました。

政権崩壊後、首都・トリポリでは町の至る所に新しいリビアの国旗が掲げられていました。この旗はカダフィがクーデターを起こす以前に使用されていた王制時代の国旗。反カダフィの宣言です。

かつて、リビアの紙幣にはカダフィの肖像画がありました。カダフィの顔は見たくないけれど、お札を使わないわけにはいかない。そこで、紙幣のカダフィの顔を黒く塗りつぶして使っていました。

トリポリの町には多くの弾痕が残っています。独裁政権を倒す戦いは一般市民を巻き添えにしました。死者は約5万人。40年以上もの独裁から逃れるために、一般市民が銃を手にして戦ったのです。２０１２年7月に60年ぶりの選挙が実施されました。言うなれば、血であがなった選挙権です。

圧政の象徴といわれたアブ・サリム刑務所では、多くの政治犯が収容されていました。１９９６年、ここで囚人の大虐殺がありました。あまりに待遇が悪いことに怒った囚人たちが、待遇改善を求め

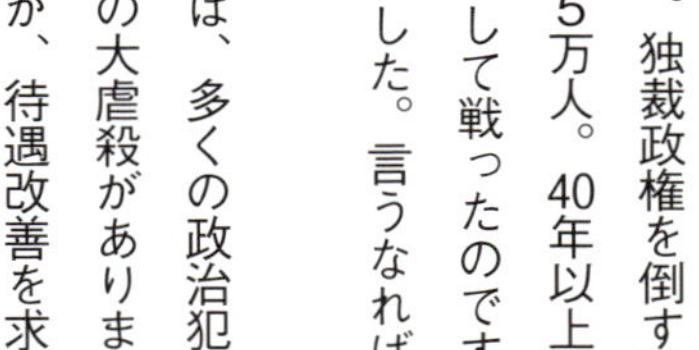

カダフィの顔を塗りつぶしたお札が流通。カダフィタワーは、トリポリタワーと名称が変わり、町のあちこちにカダフィを批判する風刺画や落書きがある。

カダフィ邸跡付近、NATO軍の空爆の跡が生々しい。

★アラブの春
2010年末、チュニジアから始まった北アフリカ、中東で起きた民主化運動のこと。

★独裁者
チュニジアではベンアリ政権が23年、エジプトではムバラク政権が30年、リビアではカダフィ政権が41年の独裁を行った。

★カダフィ
1942〜2011年。リビアの軍人、政治家。1969年のリビア革命で政権を獲得後、2011年まで独裁。2009年9月、国連総会で初の演説を行い、「常任理事国だけが拒否権を持つのは国連憲章に反する」と、強烈に批判。

て抗議したところ、1200人以上の囚人が、銃殺されました。虐殺された遺体は、仮埋葬された後に掘り出され、跡形もなく焼かれたといいます。徹底的な証拠の隠滅です。明るみに出たのは2009年。この虐殺された遺族の代理人を務めていた弁護士が拘束されたのです。それを機に、遺族たちのデモが起こりました。

カダフィが書いた唯一の本『緑の書』。ここにはカダフィ独自の理論が書かれています。自らの政治哲学であるアラブ民族主義。国家の枠を超えてアラブの一体性を実現しようという運動です。

リビアでは、『緑の書』も教科書として使っていました。学校では、カダフィの思想がモチーフになっている本はすべて処分されました。『緑の書』に対しては教師たちも矛盾を感じていたそうです。しかし、カダフィ政権時代は、この本が、教育の基準だったのです。いまは、「あれはカダフィの思想であって私たちの思想ではない」。カダフィを宣伝をする放送局だった国営放送も変わります。「スポットライトを一人に当てないこと」と話します。

リビア軍もかつてはカダフィの軍隊でした。しかし、いまは違う。愛国心・未来のために立ち上がった若者が大勢いました。何万人もの命の犠牲の上に成り立った自由。そこには新たな熱狂がありました。

写真奥にあるのが現在のリビア国旗。かつての王制時代のものが復活。独裁政権によって40年間、このリビアは世界から立ち遅れてしまった。「この40年を取り戻さなければいけないのだ」というリビアの人の言葉が印象的だった。

ナチス・ヒトラーの殺人工場 アウシュビッツ強制収容所

独裁者ヒトラーは反ユダヤ主義を掲げ支持を集めていきます。その行動は驚くべき方向へと向かっていきました。

独裁者・ヒトラーが掲げた重要政策というのが、反ユダヤ主義でした。ユダヤ人を共通の敵として国民を団結させ、自分の支持を高めていく。こうして、ユダヤ人の迫害が国家規模で行われていきます。その第一歩として行われたのが強制隔離です。ゲットーと呼ばれるユダヤ人居住地域をつくり、そこにユダヤ人を閉じ込めます。また、ひと目でユダヤ人とわかるように腕に印をつけさせ、自由な買い物や仕事ができない状態に追い込んでいきます。そしてさらに地獄が待ち受けていました。

番組は、ポーランド南部にあるオシフィエンチムという町を訪れました。ナチス・ドイツの支配下にあったこの町は、当時ドイツ語名でアウシュビッツと呼ばれていました。アウシュビッツ強制収容所のあった場所です。ヒトラーの右腕、親衛隊隊長ヒムラーの指導の下、建設された収容所。現在は、アウシュビッツ・ビルケナウ博物館として保存されています。

ユダヤ人の手でつくらせたユダヤ人絶滅のための施設、絶滅収容所。ユダヤ人たちは、ここに来る前にこう聞かされていました。「東の土地で新しい生活を始めるのだ」と。しかし、たどり着いたのは収容所。そこには「生死の選別」が待っていました。選別は到着したときだけではなく、収容された後も毎晩続いたのです。

いまも残るアンネ・フランク★の隠れ家を取材する相内優香アナ。

隠れ家を発見されたアンネが一時収容されたヴェステルボルク通過収容所。

★アンネ・フランク
1945年、ドイツの強制収容所で15歳の若さで亡くなったユダヤ人。ナチスのユダヤ人迫害から逃れるため、オランダの隠れ家で身を潜めた際に書いた日記が、『アンネの日記』として、アンネの死後、多くの人に読まれた。

殺人工場・アウシュビッツの悲劇

300もの収容棟が並んだアウシュビッツ第２強制収容所（ビルケナウ）。この広大な敷地に100万人を超えるユダヤ人が運び込まれた。

ユダヤ人たちがたどり着いたのは、死の門と呼ばれるゲート。線路もユダヤ人たちにつくらせた。当時、こう言われていた。「この門をくぐったら、出口は焼却炉の煙突だけ」と。

大小７つのガス室があった。１日に数千人が殺されていった。ナチスは終戦間際、ガス室を爆破している。証拠隠滅のためだ。

アウシュビッツ第１強制収容所。アーチには、「労働は自由への道」とある。実はここにささやかな抵抗の跡がある。自分たちが置かれた状況に不満を感じ、とっさに３つ目の文字「B」を逆にしてつけたのだ。それがそのまま残る。

現地を取材した大江麻理子キャスター。遺品のケースには、いくつもの小さな靴が残されている。労働力にならない14歳に満たない子どもたちは、母親とともに無条件でガス室へ送られたのだ。

選別で生き残ったユダヤ人にも過酷な日々が課せられた。これは、収容者たちが実際に生活していた木造の宿舎。三段ベッドがすきまなく並べられている。栄養失調でやせ細り、ベッドには重なり合って２人くらいが寝ていたという。

池上の視点。「日本国憲法の前文」に注目

日本は、ポツダム宣言を受諾し、1945（昭和20）年8月15日に終戦を迎えました。そして1年後の1946（昭和21）年11月3日、日本国憲法が公布、半年後の1947（昭和22）年5月3日から施行されました。ご存じのとおり、これを受けて5月3日は憲法記念日の祝日となっています。

この日本国憲法の草案を作成したのは日本政府ではなく、連合国軍最高司令官マッカーサーの命を受けた25人の民政局員です。その中にいたのが弱冠22歳のベアテ・シロタ・ゴードンさんでした。日本国憲法草案に携わった最後の語り部であったベアテさんは2012年12月30日、89歳で亡くなりました。

憲法草案委員会でただ1人の女性だった彼女は、「女性の人権」を担当しました。いまでこそ男女平等は当たり前の世の中になっていますが、戦前の日本人女性はまったく権利を持っておらず、ひどい扱いを受けていました。ベアテさんはそんな日本人女性を見て、「悲しかった」といいます。現憲法の男女平等には、ベアテさんのそんな想いも詰まっているといえます。

戦前の大日本帝国憲法（明治憲法とも呼ばれる）は、プロイセン（ドイツ）憲法を手本に伊藤博文らがつくりました。この憲法では、主権は「天皇」にありましたが、現在の憲法では、主権は「国民」にあります。ぜひ、みなさんも一度、日本国憲法の全文を読んでみてください。

憲法の中に、みなさんの心に刻んでほしい文章があります。日本国憲法の前文です。ここに日本が目指すべき姿勢が記されていると私は考えます。「われらは、平和を維持し、専制と隷従、圧迫と偏狭を地上から永遠に除去しようと努めている国際社会において、名誉ある地位を占めたいと思う」

この言葉を新たな気持ちで、もう一度、読み返していくことが、いまの私たちには大事なのではないでしょうか。

第4章

戦争をどう伝え、人々はどう受け止めたのか

1. 12月8日、真珠湾攻撃 そのとき日米はどう動いた?
2. ハワイの日系人に対し 地元の日本語新聞は?
3. 「大本営発表」のウソ 戦果は6倍、損害は5分の1
4. 軍に屈せず、軍の大演習を批判 一人で戦ったジャーナリスト
5. 規制と戦ったメディア 戦略に利用されたメディア

真珠湾に記念艦として保存されている
ミズーリ(戦艦)を第4弾で取材。

第4章

戦争をどう伝え、人々はどう受け止めたのか

1

12月8日、真珠湾攻撃 そのとき日米はどう動いた？

1941（昭和16）年12月8日、日本が真珠湾を攻撃したことで太平洋戦争が、始まりました。真珠湾攻撃がどのような形で行われたのかみてみましょう。

70年前、戦争一色の町角には、いろいろなポスターが張られていました。

「撃ちてし止《や》まむ」（撃って撃って撃ちまくれ）は、陸軍省のポスター。

「毎朝　家内揃って　兵隊さん　有難うととなえ　その労苦を偲びましょう」は、愛国婦人会★のポスター。

そんな中に「ぜいたくは敵だ！」のポスターがありました。ここに落書きをした人物がいます。一文字を足して、とんでもない意味にしたのです。

敵だ！　の前に「素」を入れて、「ぜいたくは素敵だ！」

特高（特別高等警察）★は、カンカンになって怒りました。国、あるいは軍が、国民に対して、戦争に協力することを強く求めていた時代です。

報道機関も似たようなことをしていました。

★愛国婦人会　戦死者の遺族や傷病兵の保護を目的として1901年に創設された団体。

★特高（特別高等警察）　71ページ参照。

太平洋戦争は、国民にどう伝えられたのか。朝日新聞1941年12月9日付の朝刊には、「長期戦もとより覚悟　戦時経済に不安なし」とあります。日本軍の作戦は短期決戦でした。すぐに戦争は終わるだろうと思っていたのに、新聞は先回りをして、「われわれは長期戦を覚悟しているのだぞ」と報道しています。本来、客観的に報道すべき新聞が、国民を煽り立てているのです。

「ニイタカヤマノボレ　一二〇八」の意味

実際に太平洋戦争はどう始まったのか。当時の連合艦隊の動きを振り返ってみましょう。

1941年11月26日、択捉島《エトロフ》の単冠湾《ヒトカップ》からハワイ・オアフ島の真珠湾に向けて海軍機動部隊が出撃していきます。波が高く、船が少ない北のルートを移動。この時点では、いつ真珠湾を攻撃するかわからないまま進んでいました。

12月2日に「ニイタカヤマ★ノボレ　一二〇八」を受信します。「真珠湾を攻撃しろ」という暗号でした。攻撃開始は日本時間の12月8日午前1時30分。この命令を受けて、攻撃機が飛び立っていきました。そのとき、ハワイはまだ7日（日曜日）の午前6時でした。

アメリカ海軍の基地は、日曜の早朝なのでみんな休んでいます。ここに、空母から飛び立った日本軍のゼロ戦などが次々とやってきます。

第４弾の放送では池上がハワイに取材に。写真は、現在、記念艦として保存されているミズーリ（戦艦）を訪ねて。

★ニイタカヤマ　台湾で最も標高が高い山。玉山（ぎょくざん）。標高3952m。台湾は当時日本の領土であり、当時の日本でいちばん高い山ということになる。

午前3時20分、「トラ・トラ・トラ」（ワレ奇襲ニ成功セリ）。つまり、奇襲攻撃の成功を確信し、打電をしてから攻撃を始めました。アメリカの戦艦4隻を沈め、航空機約３００機を破壊。日本は沸き立ちました。

一方、アメリカは「日本の卑怯なだまし討ちだ」と批判しました。宣戦布告★の通知が遅れたからです。宣戦布告はワシントンの日本大使館からアメリカに伝えられましたが、攻撃開始から1時間後のことでした。

このとき、ワシントンの日本大使館で何が起きていたのか。前日、ここにいた駐米大使館員が転勤することになり、みんなで歓送会をしていました。暗号電文が日本から届いていることはわかっていましたが、暗号を訳して英語で伝えるのに時間がかかってしまったのです。日本としては宣戦布告をしてから攻撃するつもりでした。

★宣戦布告　他国に対して戦争を開始する意思を宣言すること。

ここがポイント！

日本は宣戦布告してから攻撃するつもりだった

宣戦布告の通知が遅れたのは外務省のミス

真珠湾攻撃に至るまでの流れ

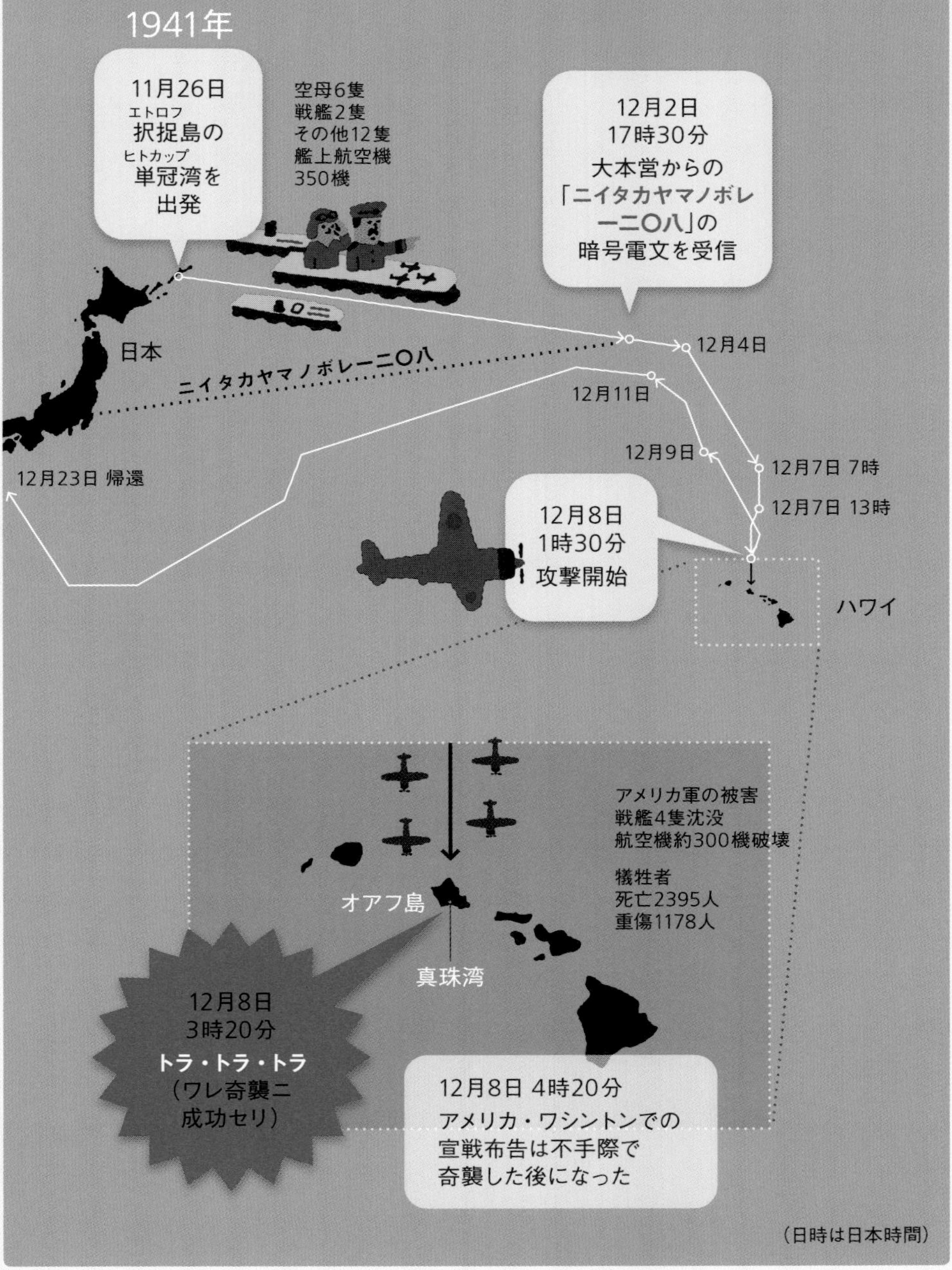

2

ハワイの日系人に対し地元の日本語新聞は？

太平洋戦争当時、ハワイには多くの日系人が住んでいました。祖国・日本がアメリカに攻撃を仕掛けたことで、彼らに過酷な運命が待ち受けていました。

★日系人　19世紀末、日本から多くの人たちがアメリカ、カナダ、ブラジルなど南北アメリカへ移民した。2015年、戦前のカナダ・バンクーバーに実在した日系カナダ移民二世の野球チーム「バンクーバー朝日」を取り上げた映画『バンクーバーの朝日』が話題になった。

日本軍がハワイの真珠湾を攻撃したとき、ハワイには大勢の日系人★が住んでいました。日系人向けの新聞「ハワイ報知」(日本の報知新聞とは無関係)は、戦争開始をどう報じたのか。

攻撃の翌朝の新聞では「これぞ我らの戦い」と日米開戦を伝えるとともに、日系人に対し、こう呼びかけています。「国籍人種の如何を問わず、布哇（ハワイ）の住民はアメリカに忠誠を誓い、各自が疑いをかけられることなきよう行動せねばならぬ」「紙面をもって、読者が米国に忠誠なること」

日系人は迷いました。

ハワイ報知新聞は、アメリカに忠誠を誓い、冷静を保ち、「アメリカ軍に服従するように」と日系人に訴え続けたのです。

ハワイへの移住が始まったのは１８８５（明治18）年。日系人は厳しい労働に耐え、徐々に地位を向上させていきました。そして二世の代で、市民権を獲得。ところが、日本軍による真珠湾攻撃は、彼らの運命を変えます。

当時、16万人の日系人が住んでいたハワイ。人口の約３割が日系人でした。彼らに貼られたレッテルは「敵性外国人★」。12月８日は、わずか１日で約３７０人、数日間で２０００人を超える日系人が逮捕されました。

とりわけ苦労したのは、若者たちです。戦争が始まったことによって、若者たちは兵士となりますが、彼らはどこの部隊にも所属させてもらえません。そこで、日系人だけで部隊をつくります。それが「第１００歩兵大隊」。

多くの日系人は、前線へ出て忠誠心を示すのが、生き残る唯一の道だと考えました。

彼らが掲げた言葉は「リメンバー・パールハーバー」でした。１９４４年、第１００歩兵大隊は連合国軍として、モンテ・カッシーノ★でドイツ軍と戦いました。

この戦いに勝利し、ドイツ人捕虜を連行。捕虜たちは、ドイツは日本と同盟を組んでいたので、日本人顔のアメリカ兵に驚いたといいます。

トルーマン大統領（当時）は、勇猛に戦った彼らにこう言いました。「君たちは敵と戦っただけではなく、人種差別とも戦った」。

★敵性外国人　敵性のある、排斥の対象となる外国人を指した。

★モンテ・カッシーノ　イタリア中部、ローマとナポリの中間にある山。第２次世界大戦の際に、１９４４年１月から５月まで激しい戦闘が繰り広げられた。

では、日本の当時の新聞はどう報じたのか。戦争当時、朝日新聞の社員向けの朝日社報には、こんな文章が掲載されています。

新聞記者は「報道戦士」だった

「新聞を武器として、米英撃滅まで戦い抜け」

つまり新聞を武器にせよ。新聞記者は「戦う新聞人」「報道戦士」と位置付けられ、戦争を煽る役割を担っていたのです。

戦争が始まったら、とにかく日本の新聞は「国と一体になって戦うのだ」と書いた。「ハワイ報知」は「アメリカ軍と協力して団結しよう」と呼びかけた。

近年、朝日新聞社から『新聞と戦争』という本が出版されました。朝日新聞が戦争中にどんな報道をしたのか、当時の新聞報道を現代の視点で自ら検証した本です。当時の新聞報道を、自戒の念を込めて伝えています。

ここがポイント!

- **開戦当時、ハワイの人口の約3割が日系人だった**
- **ハワイの日系人はアメリカ軍として日本軍と戦った**

ハワイの人口の3割が日系ハワイ人だった

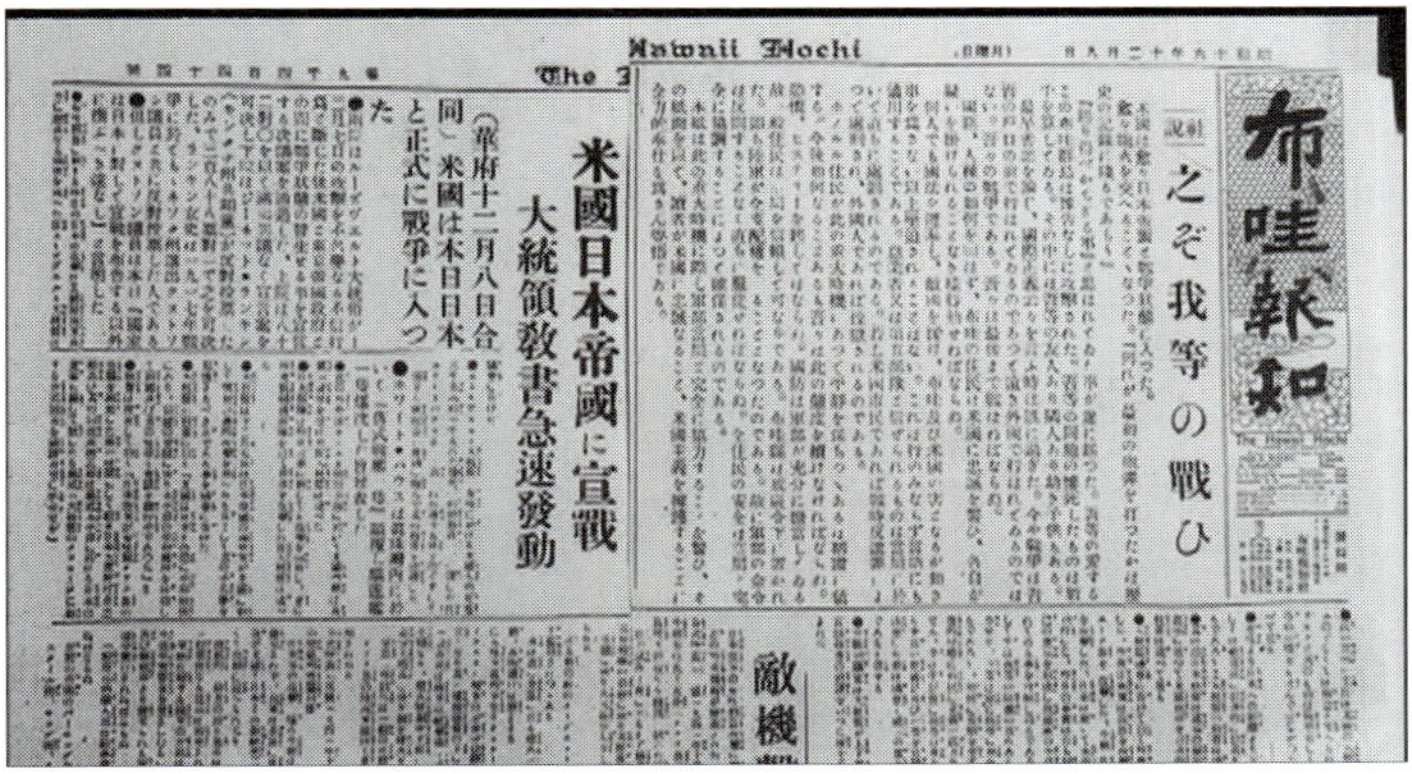
布哇報知
Hawaii Hochi
社説 之ぞ我等の戰ひ
米國日本帝國に宣戰
大統領教書急速發動
（華府十二月八日合同）米國は本日日本と正式に戰爭に入つた
敵機

真珠湾攻撃の翌日のハワイ報知新聞の紙面。2つの祖国のはざまで、ハワイ報知新聞は、「国籍人種の如何を問わず　ハワイの住民は　米国に忠誠を誓い　各自が疑いをかけられる事なきよう行動せねばならぬ」と記し、アメリカへの忠誠を誓った。

アメリカ海軍の戦艦・ミズーリ。太平洋戦争の日本の降伏調印はこの艦上で行われた。いまは、ハワイのパールハーバーで記念艦として保存されている。真珠湾攻撃で沈んだ戦艦アリゾナは、現在も海の底に沈没した状態で保存されている。

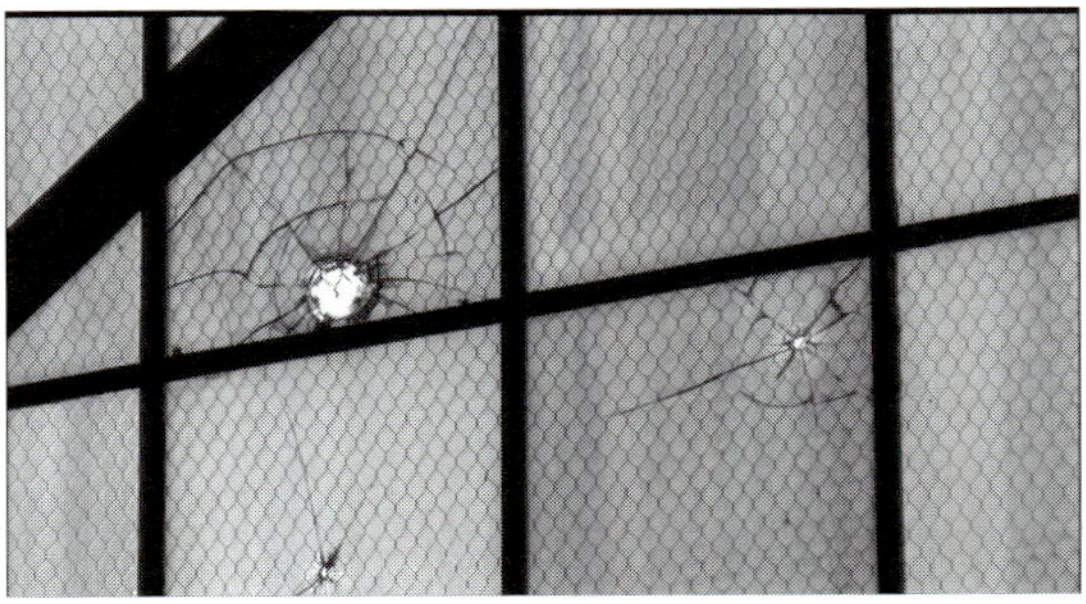

いまも残る日本軍からの攻撃の跡が生々しい。

3

「大本営発表」のウソ 戦果は6倍、損害は5分の1

戦局は次第に悪化していきます。しかし、その真実は国民には知らされなかったのです。新聞は、「大本営発表」のとおりに伝えなくてはいけなかったからです。

戦時中、国民の大きな関心事は戦況でした。

ミッドウェー海戦を、1942年6月11日付の新聞はこう伝えています。日本の戦果は「アメリカの空母★二隻を撃沈」、損害は「空母一隻喪失、同一隻大破、巡洋艦一隻大破」。

つまり、日本は勝ったという記事です。しかし実際には、アメリカは空母を1隻沈められただけで、日本は出撃した空母4隻を失っていました。日本軍は6隻の空母のうち、4隻が沈められていたのです。日本海軍は壊滅的な打撃を受けていました。

にもかかわらず、日本が勝ったという発表になっている。

当時は「大本営★発表」というものがありました。大本営とは、戦時指導を

★空母　航空母艦の略。戦闘機の運用能力に特化した軍艦のこと。言ってみれば、海の上を移動する軍用機の飛行場。

アメリカ海軍の空母「ジョージ・ワシントン」。

行う天皇直属の最高統帥機関です。

1937年、日中戦争が起きると、昭和天皇のもとに大本営が置かれ、戦争の指揮にあたりました。大本営には報道部があり、国民に「大本営発表」として戦況を伝えました。

新聞社はそれをそのまま書かなければいけなかったのです。

開戦から半年くらいの間、日本国民は「勝った、勝った」と浮かれていました。そのころの大本営発表は、戦果も損害も事実にのっとったものでした。

しかし、ミッドウェー海戦で敗北すると、ウソの発表をするようになります。日本軍が敗北を重ねるようになると、ウソの発表はさらにひどくなっていきました。

「戦果は6倍に誇張し、損害は5分の1」

これが大本営の発表の方針です。大本営がこういう方針で発表すると、新聞はそれをそのまま伝えました。

原爆が投下されても「被害は僅少」

それだけではありません。むしろ新聞のほうがお先棒を担ぐというか、政府の方針を忖度《そんたく》し、勝手に思いやって先走る。いわゆるキャンペーン報道をするのです。

★大本営　日清戦争から太平洋戦争までの間設置された、大元帥である天皇のもと、日本軍における最高統帥機関のこと。

しかしやがて、負けているはずのアメリカ軍の飛行機が、日本本土を空襲するようになれば、国民は「おかしいな」と思うようになります。B-29による空襲が本格的に始まっても、大本営は「敵機を撃破、わが方の損害は軽微」と発表しました。

さすがに自分たちの町が焼け野原になったのを見て、国民は大本営がウソをついているとわかります。国民は、敗戦まで、本当の戦況を知らなかったのです。それでもまだ、大本営はウソの発表を続けました。

1945年8月12日付の新聞には、小さく「長崎に新型爆弾★」とあります。東京にいる人は、長崎に原爆が落とされたことをほとんど知りませんでした。戦争が終わってから、実は大変なことが起こっていたとわかったのです。

しかも「被害は比較的僅少なる見込み」とあります。あの原爆の被害を「わずかだよ」と報じているのです。

★長崎に新型爆弾　広島への原爆投下も、敵新型爆弾と報じ、防空対策の強化を訴える記事が書かれている。

ここがポイント!

- **戦果は6倍に誇張、損害は5分の1にして発表**
- **大本営のウソの発表を新聞はそのまま伝えた**

大本営発表しか聞くことができなかった国民

大本営
日本軍における最高統帥機関

その中の報道部 ➡ 戦況を発表

発表の方針は…

戦果は6倍に誇張し、損害は5分の1に

たとえば、ミッドウェー海戦

実際の主な戦況	大本営発表
○ アメリカの空母1隻撃沈	○ アメリカの空母2隻撃沈
× 日本の空母4隻沈没 重巡洋艦1隻沈没	× 日本の空母1隻喪失、 1隻大破 巡洋艦1隻大破

軍に屈せず、軍の大演習を批判 一人で戦ったジャーナリスト

戦時中の言論体制の中でも、反権力の報道を続けたジャーナリストもいました。メディアはどのように向き合ったのか。アメリカの例とともに紹介します。

そんな時代に、軍部に物申したジャーナリストがいます。信濃毎日新聞の主筆・桐生悠々★です。彼が書いた日本の言論史に残る記事があります。

1933（昭和8）年8月11日付の社説「関東防空大演習を嗤（わら）ふ」

この年、各新聞が「日本軍は東京で初めて大規模な防空演習を実施。東京の空に敵機が侵攻を想定した迎撃訓練を行った」と、この演習を賞賛するなか、桐生悠々は「敵機を迎へ撃っても、一切の敵機を射落すこと能わず（中略）撃ち漏らされた敵機の爆弾投下こそは、木造家屋の多い東京市をして、一挙に、焦土たらしめるだろう」「だから、敵機を関東の空に、帝都の空に、迎へ撃つといふことは、我軍の敗北そのものである」

つまり、敵爆撃機は日本沿岸までで防がねばならない。本土に侵入を許せば、

★桐生悠々（きりゅう・ゆうゆう）1873〜1941年。日本のジャーナリスト。反権力・反軍部の言論を唱えた。

木造家屋の多い東京は、焼け野原となる。そんな演習をしても意味がないことだ、と断言したのです。

この社説は軍部の怒りを買いました。地元の在郷軍人会★幹部が同社に乗り込み、「軍を批判するとはけしからん。不買運動をする」と脅しました。当時の信濃毎日新聞の発行部数は約2万部。ところが長野県の在郷軍人会は8万人にも及びました。

信濃毎日新聞存亡の危機に、桐生悠々は社を去らざるをえませんでした。

1933年は、ちょうど日本が国際連盟を脱退した年であり、いよいよ軍による統制が厳しくなった時期です。

そのときに、軍に屈することなくこういう社説を書いた。ペンを武器に、言論抵抗を続けた桐生悠々。彼がこの社説を書いた12年後、東京大空襲が起こりました。書きたいことではなく、書かなければならないことを書くのが、真のジャーナリストです。

彼は1941年9月、68歳で他界します。死の前、こんな言葉も残しています。「寧《むし》ろ喜んでこの超畜生道に堕落しつゝある地球の表面より消え失せる」

彼の死から3カ月後、日本は太平洋戦争に突入しました。

アメリカでは、あるキャスターの言葉が戦争を終わらせました。15年間続いたベトナム戦争。この戦争で、初めてテレビカメラが戦場に入りました。取材

★在郷軍人会　現役の任務につかない退役軍人たちの団体のこと。

陣の同行が認められ、戦場の悲惨な様子が伝えられたのです。銃を突き付けられるベトナムの少女……、アメリカでは、次第に反戦ムードが高まります。

ジャーナリストの勇気ある発言

アメリカのキャスターは通常、自分の意見を言いません。ところが、ウォルター・クロンカイト★という、3大ネットワークのひとつ、CBSの人気キャスターは、現地取材をした後、「この戦争はやめたほうがいい」と自らの意見を語りました。「この現状から抜け出す理性ある唯一の道は、勝利者としてではなく、民主主義を守る名誉ある国民として、交渉の場に挑むことだと思います」

彼のこの言葉は、国民に衝撃を与えました。5週間後、ジョンソン大統領（当時）は、北ベトナムへの爆撃停止を表明。平和を呼びかけました。ベトナム戦争★は、メディアが終わらせた戦争ともいえます。

★ウォルター・クロンカイト　1916〜2009年。アメリカのジャーナリスト。そのリベラルな姿勢から、「アメリカの良心」と呼ばれた。

★ベトナム戦争　1960年に始まったベトナム共和国（南ベトナム）内の内戦のこと。反政府勢力をベトナム民主共和国が支援した。東西冷戦を背景に、アメリカは南ベトナム、ソ連は北ベトナムを支援。アメリカ軍の撤退後、1975年にようやく終結した。

ここがポイント!

- 軍部を批判した新聞社は「不買運動をする」と脅された
- ベトナム戦争を終わらせたのはキャスターの一言

軍に屈せず戦ったジャーナリスト・桐生悠々

信濃毎日新聞の主筆・桐生悠々は軍に屈せず、物申した。

桐生悠々が使っていた机がいまも残る信濃毎日新聞。ジャーナリズムの原点がここにある。取材で訪れた池上と相内アナ。

規制と戦ったメディア 戦略に利用されたメディア

ベトナム戦争以降も世界各地で戦争が絶えませんでした。多くの戦争に関わったアメリカ。メディアはそれをどう伝えたのか？　メディアと権力が争います。

ベトナム戦争から16年後、中東で湾岸戦争★が勃発しました。サダム・フセイン★率いるイラク軍が、クウェートに侵攻。これに対し、アメリカ、イギリスなどが多国籍軍を結成し、バグダッドを爆撃しました。この戦争は「記者に現場を取材させない」と、厳しい報道規制が敷かれました。まるでテレビゲームのような映像は出てくるのですが、戦場の生々しい光景は一切映し出されることはありません。

軍事施設など、目標だけをピンポイントで狙うこの攻撃は、「ピンポイント爆撃」と呼ばれました。ブッシュ大統領★（当時）は「クリーンな戦争」をアピールしたかったのです。

しかし実際は、ミサイル攻撃で多くの民間人が犠牲になっていました。

★湾岸戦争　１９９０年8月のイラクのクウェート侵攻を契機に始まった国際紛争のこと。国際連合が多国籍軍の派遣を決め、１９９１年1月にイラクを空爆して始まった。

★サダム・フセイン　１９３７〜２００６年。イラクの政治家。イラク共和国の大統領であり、独裁者。イラク戦争後、絞首刑となった。

★ブッシュ大統領　１９２４年〜。ジョージ・H・W・ブッシュ。第41代大統領として、湾岸戦争を戦う。ジョージ・W・ブッシュ第43代大統領の父。

その一方で、CNNの記者が開戦をバグダッドから中継。まさにアメリカ軍の爆撃を受けている現地から、アメリカに向けて中継をしたのです。

いろいろな立場の人が、それぞれの思いをもって報道した戦争でした。湾岸戦争では、メディアが規制と戦いました。

その後、アメリカは、2001年アメリカ同時多発テロの首謀者ビンラディン★掃討作戦を理由に、アフガニスタンを攻撃。その2年後、イラク戦争★が始まります。

バグダッドの大規模攻撃で、フセイン政権は崩壊。アメリカの報道管制に対して、メディア側が大変反発したことで、今度は「アメリカ軍と行動を共にする」という条件付きで、取材を認めるというやり方に変わりました。

イラクの戦地に800人のジャーナリストが同行。ジャーナリストを部隊と一緒に動かすわけです。そうすると何が起きるか。

ジャーナリストの視点が軍と一緒になってしまいます。見ている人も軍のほうに感情移入をしてしまう、そういう狙いがあったということです。

湾岸戦争のときは、CNNが大活躍しましたが、イラク戦争ではFOXニュース（アメリカのニュース専門放送局）が、アメリカ政府寄り（当時の政権政党・共和党寄り）の報道を繰り広げました。

戦争を積極的に支持するテレビメディアの出現で、保守的な国民はこれを受

★ビンラディン　1957〜2011年。オサマ・ビンラディン。サウジアラビア出身のイスラム過激派テロリスト。2001年9月11日のアメリカ同時多発テロ事件の首謀者とされる。2011年5月、パキスタンに潜伏していたところをアメリカ軍に攻撃されて殺害された。

★イラク戦争　2003年3月、アメリカ軍によるバグダッド空爆で始まった戦争。フセイン政権が崩壊した。

け入れたのです。
イラク戦争は、メディアが戦略に使われた戦争でした。

流れを変えるのも報道の役割

戦争報道の役割は、利用されずにきちんと事実を伝えること。難しいことですが、批判精神あってこそのジャーナリズムです。戦争はいったん始まってしまうと、なかなか止められない状況に陥ってしまうことが多いものです。犠牲者が出ます。そうすると、その犠牲に報いようとする心理が、国にも国民にも働きます。止めるに止められない、ということになってしまうのです。
こういうとき、報道が勇気をもって流れを変える役割を果たすことができるはずです。そしてそれは、戦争だけではありません。日常のニュースにもいえることだと思うのです。

ここがポイント!

- イラク戦争ではメディアが戦略に使われた
- 利用されずに真実を伝えるのが報道の役割

メディアは権力とどう向き合ったのか?

ベトナム戦争	**メディアが終わらせた戦争** ウォルター・クロンカイト（CBSキャスター）は 「この戦争はやめたほうがいい」と発言。

湾岸戦争	**メディアが規制と戦った**
イラク戦争	**軍にジャーナリストを同行させて 政府を支持するメディアも登場した。 メディアが戦略に使われた**

戦争と報道

利用されずに粘り強く事実を伝えていくこと。
犠牲者が出る。それに報いようとする心理が働くと
やめるにやめられないことになる。
報道が勇気をもって流れを変える役割を果たすことができるはず。
これは日常のニュースでも言えることではないか。

憲法解釈を変更して集団的自衛権の行使を容認へ!?

2014年7月、安倍内閣は「憲法解釈を変更して、集団的自衛権の行使を容認する」閣議決定をしました。そして、それに基づく安全保障関連法案を2015年7月15日、衆議院で可決、成立に向けて動いています(2015年7月中旬現在)。

自衛権とは、「個別的自衛権」と「集団的自衛権」に分かれます。個別的自衛権は、自国を守る権利です。集団的自衛権は、「他国への攻撃を、自国への攻撃とみなして反撃する権利」です。もともとは、国連の「集団安全保障制度」の例外措置です。

集団安全保障とは、たとえばどこかの国が攻撃されたとします。すると攻撃された国は国連の安全保障理事会に助けを求めます。それを受け、国連の安全保障理事会が直ちに開かれ、「助けよう」と安全保障理事会が決議し、国連軍が結成され、国連軍でその国を守るという仕組みです。

理想としてはそうなのですが、決議をして国連軍を結成してから助けに行くには時間がかかります。国連軍が到着するまで放っておいたら、その国が滅びてしまう。だから滅びないように、自分の国を守る個別的自衛権は認めていますし、仲のいいよその国と一緒に守るという集団的自衛権も認められているのです。

しかし、日本は憲法第9条があるため、集団的自衛権は「持っているけど使えない」というのが、過去の政権の判断でした。憲法第9条には、「国権の発動たる戦争と、武力による威嚇又は武力の行使は、国際紛争を解決する手段としては、永久にこれを放棄する」とあります。

日本国憲法は「戦争」と「武力行使」を放棄していますが、他国の侵略を受けた場合、何もしなければ滅びてしまいますから、自国を守るための実力行使は認められます。これが個別的自衛権です。

集団的自衛権は、「国際紛争を解決する手段」になりえます。なので集団的自衛権は認められない、という判断だったのです。このため、集団的自衛権を使えるようにするには、憲法を変えなければいけない、というのが従来の政権の判断でした。しかし憲法を変えるのは相当時間がかかりそうなので、憲法を変えずに解釈を変えようというわけです。

第5章

戦争の悲劇が生み出した言葉

第5弾の放送で、「北のひめゆり」といわれる事件があったサハリンを取材する相内アナ。

第5章
戦争の悲劇が生み出した言葉

1

凄惨をきわめた沖縄戦 なぜ沖縄が戦場となったのか

サイパンを陥落したアメリカがいよいよ日本本土に攻撃を仕掛けてきます。1945年4月、アメリカ軍が沖縄に上陸し、戦いは民間人を巻き込む悲惨なものに。

戦争は、子どもや女性から笑顔を奪います。

6月23日★は何の日でしょう。沖縄戦が終わった日です。アメリカ軍の沖縄上陸作戦が始まったのが1945年4月1日。アメリカ軍の侵攻に伴い、沖縄の人々は摩文仁の丘★に退避し、ここが最後の激戦地となりました。そして日本軍による組織的な抵抗が終わったのが6月23日。この日を「慰霊の日」と定めています。沖縄県民9万4000人が犠牲になった戦闘。なぜ沖縄が戦場となってしまったのでしょう。

それまで連戦連勝だった日本海軍が、壊滅的な大敗を喫したのがミッドウェー海戦でした。さらにガダルカナル島撤退。ここでアメリカ軍の本格的な反撃が始まります。

★6月23日　沖縄県では、6月23日を太平洋戦争における沖縄戦の終結した日として慰霊の日に制定し、毎年、平和祈念公園で沖縄全戦没者追悼式を行っている。

★摩文仁（まぶに）の丘　平和祈念公園内に位置する沖縄県糸満市の南東端の丘。背後は断崖絶壁になっている。沖縄戦の終焉の地で、戦没者慰霊塔や慰霊碑が立ち並ぶ場所。

1944年7月、サイパン島陥落。サイパン島が陥落すると、当時のアメリカ軍のB－29という爆撃機は、ここから日本の本土を攻撃できます。本土が連日の空襲を受けることになるのです。

1945年3月、硫黄島も陥落★。アメリカ軍がどんどん本土に向けて迫ってきました。ついに4月1日、沖縄への攻撃を始めました。

アメリカ軍は読谷《よみたん》・北谷《ちゃたん》にかけての海岸に上陸。太平洋戦争史上最大級の作戦でした。しかし、日本軍の反撃はほとんどありません。そのときの様子を従軍記者アニー・パイルは「ピクニック気分の上陸作戦」と報じています。アメリカ軍は沖縄本島を直ちに制圧。首里《しゅり》の軍司令部に攻め入ろうとしたとき、日本軍の反撃が始まったのです。

日本軍の反撃はすさまじく、アメリカ軍のピクニック気分は吹き飛びました。ゲリラ戦を仕掛ける日本軍に対し、アメリカ兵の多くが精神的ショックを受け、戦闘意欲を失ったといいます。

沖縄県民かく戦えり

1945年5月、首里の司令部が占領されると、南部一帯は地獄の戦場と化しました。海軍の司令部もアメリカ軍に包囲され、最後の時を迎えようとしていました。ここで、海軍の大田実司令官★は次官に電報を打電しています。自

★硫黄島も陥落　1945年2月19日～3月26日に起こった硫黄島の戦い。サイパンを奪ったアメリカが、東京へ一直線上の位置にある硫黄島に狙いを定めた。太平洋戦争の中でも激戦地となった。

★太田実司令官　1891～1945年。日本の海軍軍人。沖縄戦では、海軍最先任者として沖縄根拠地隊司令官を務めた。

第5弾の放送では、海軍・太田司令官最期の地下壕などを取材。取材を行うパトリック・ハーラン氏と相内優香アナ。

らが命を絶つ前に打電したのです。そこには沖縄県民がいかに献身的に戦ったかが綿々と綴られていました。

「陸海軍とも、防衛のための戦闘に明け暮れ、県民に関してはほとんど顧みる余裕もありませんでした。県民は最初から最後まで、勤労奉仕や物資の節約を強いられ、ご奉公するのだという一念を胸に抱きながら、ついに報われることもなく、この戦闘を迎えてしまいました。沖縄の実情は言葉では形容のしようもありません。沖縄県民はこのように戦いました。県民に対して、後世特別のご配慮をしてくださいますように」

つまり、沖縄県民は最後の最後まで戦った。だから戦争が終わった後も、日本政府は沖縄県民のためにちゃんとしてくださいよ、と訴えている。

沖縄県民の行く末を案じた大田司令官の、いわば遺言だったわけですが、その遺言は果たされているのでしょうか。

ここがポイント!

- 6月23日は日本人なら忘れてはならない沖縄戦終戦日
- 海軍・太田司令官の遺言は果たされているのか

悲惨をきわめた沖縄戦

沖縄本島の南部に次第に追い詰められた。写真は、南部戦跡・喜屋武（きゃん）岬。

摩文仁（まぶに）の丘。戦後、このあたり一帯が平和祈念公園となった。

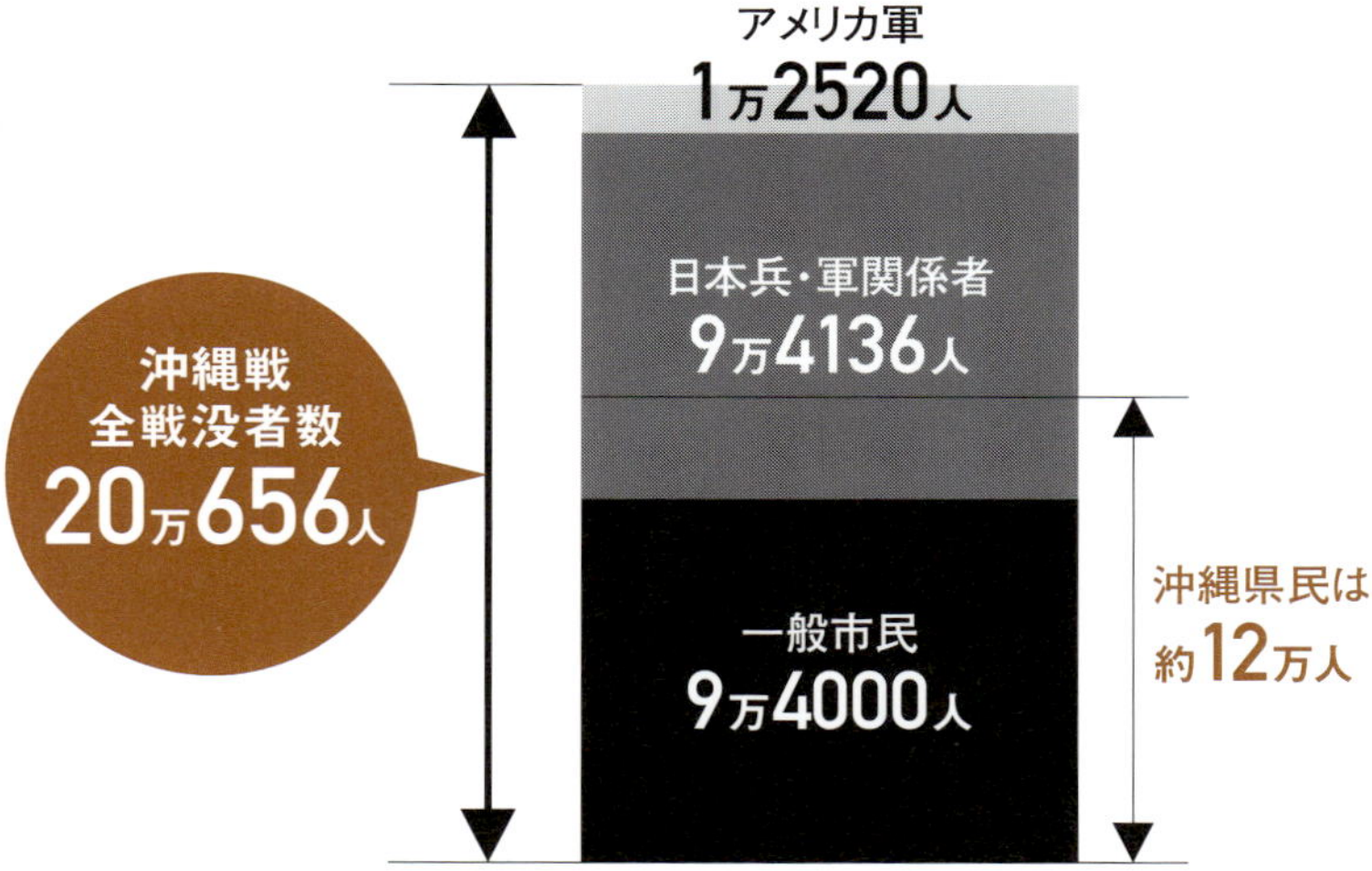

従軍看護婦として動員されたひめゆり学徒たちの悲劇

沖縄戦ではたくさんの悲劇が起こりました。しかし、日本軍が考えていたことは、本土決戦のための時間稼ぎ。沖縄を捨て石と考えていたということです。

沖縄では、女学生たちの悲劇もありました。有名な「ひめゆりの塔★」は、沖縄戦で亡くなったひめゆり学徒隊・教師たちの鎮魂の慰霊碑。終戦の翌年、遺族たちによって建立されたものです。

15歳から19歳までの生徒222人、教師18人が動員され、うち136人が命を落としました。

ひめゆり学徒として動員された木村つるさんは、当時をこう振り返ります。

「私たちは教育勅語★で教育されていますから。君に忠に、親に公に。いざというときにはお国のために頑張るんだという教育を受けていますので、国のために、兵隊さんのために尽くしたいという思いでした」

木村さんは戦火激しい陸軍病院へと動員されました。暗い壕の中はじめじめ

★ひめゆりの塔　沖縄県糸満市にあり、沖縄戦で亡くなったひめゆり部隊の鎮魂のための慰霊碑。ひめゆり部隊とは、太平洋戦争末期、沖縄県立第一高等女学校、沖縄師範学校女子部の生徒と職員とで組織された学徒看護隊の名前。

★教育勅語　教育に関する勅語。1890年に発布された教育の指導原理を示す勅語。戦前教育の基本理念とされた。

としていて、傷の臭い、汗の臭い、さまざまな臭いが混じり合い、とても臭かったといいます。

「負傷者が運ばれてきて、傷が悪化し、うじがわくんです。生きた人間からうじがわくなんて、考えもしなかったし、大変なショックでした。でも怖いとは言えないので、うじを取って差し上げました」

ひめゆり学徒たちにも、弾は容赦なく降り注ぎました。

「おなかをやられて死んでいく人が多かったです。最初は苦しくて、お薬ちょうだいと言っているのですが、そのうちおなかがどんどん膨らんで、亡くなるときには〝お母さんごめんなさい〟と。いま、生き残っている人は、弾に当たらなかったから生きているんです」

空からも海からも陸からも弾が飛んでくる。アメリカ軍の砲撃や爆撃は「鉄の暴風」と呼ばれました。

「もう、死んでいる人に対する怖さがなくなるんです。戦争というのは、人間が人間でなくなるんですね」

日本軍によって殺された沖縄県民も

県民を巻き込んだ沖縄戦ですが、なかには日本軍に殺された県民もいました。とくに慶良間諸島★では、スパイと疑われた県民が大勢殺されました。

★慶良間諸島　沖縄県那覇市の西方約40㎞の東シナ海上にある大小20余りの島からなる諸島。

「軍機保護法」といって、軍事機密を守る法律があります。兵隊と一緒に行動していると、軍の秘密を一般の人も知ることになる。その一般の人がもし敵の捕虜になったら、軍の秘密をばらしてしまうのではないか。その前に処刑しておこうというわけです。

戦地では、精神状態が普通ではなくなります。一緒にいた周りの人たちが、敵のスパイに見えてくるのです。

沖縄戦について、日本軍は、本土決戦★のための時間稼ぎという考え方をしていました。そこで、上陸を食い止めるより、アメリカ軍を上陸させて、その後、沖縄の複雑な地形を利用して粘り強く戦うという作戦をとったのです。

結果、沖縄戦では住民約9万4000人が犠牲になりました。沖縄戦は歴史的にもアメリカ人の犠牲が多い戦争です。1万2000人以上のアメリカ兵も命を落としました。6月23日は、アメリカ人にとっても特別な日なのです。

★本土決戦　太平洋戦争末期の日本本土防衛作戦のこと。アメリカ軍の本土上陸を想定しての作戦。

ここがポイント!

- **戦争というのは「人間が人間でなくなる」**
- **沖縄戦で犠牲になった住民は9万4000人**

沖縄戦の悲劇と現在の沖縄

沖縄県糸満市にある
ひめゆり部隊の
鎮魂のための慰霊碑。

第5弾の放送では、
沖縄戦での
日本軍・地下壕などを取材。
取材を行うパトリック・ハーラン氏と
相内優香アナ。

普天間基地を
見ることができる丘。
同じく第5弾の放送での
取材から。

**現在も、沖縄はアメリカ軍基地問題
という課題を抱えている。**

「北のひめゆり」といわれる9人の乙女が残した言葉

1945年8月15日、日本は終戦を迎えます。しかし、この日が過ぎても戦闘が続いた場所もありました。「北のひめゆり」と呼ばれる話を紹介しましょう。

沖縄戦が終わってから、2カ月足らずで終戦を迎えました。しかし、戦争はまだ終わっていませんでした。8月15日を過ぎても、戦闘が続いていた場所がありました。それは、当時の満州。8月9日、ここにソ連軍が攻め込んできました。

ソ連軍が侵攻してきたのは、満洲だけではありません。北海道の北にある細長い島、樺太★にも攻め込んできました。

当時、樺太の南半分は日本の領土でしたから、日本人がたくさん暮らしていました。最盛期には40万人以上もの日本人が住んでいたのです。

1年のうち、半分は雪に埋もれるこの地は、オホーツク海に面した水産資源の宝庫とうたわれ、さらに石炭などの資源も豊富に採掘できます。樺太の産業

★樺太（からふと）北海道の北に位置する南北に細長い島。ロシア名は「サハリン」。日露戦争後のポーツマス条約により、樺太の南半分が日本の領土となった。

は勢いを増し、本土からの避暑地としても人気でした。

しかし、１９４５年８月９日、ソ連軍は日ソ中立条約★を一方的に破棄し、雪崩をうって攻め込みます。ソ連軍は１７４万人の兵力で満州・樺太などを侵攻。それは、終戦の後も続いたのです。

日本人は８月15日を終戦の日だと思っています。しかしポツダム宣言を受諾し、降伏文書に調印したのは９月２日です。

８月15日をもって日本軍は組織的な抵抗をやめました。だからアメリカ軍やイギリス軍も、この日をもって攻撃をやめたのですが、ソ連軍はここからがチャンスと考えた。さらにその先まで取ってやろうと考えたのです。当時のソ連軍にはある企みがあったといわれています。スターリンによる「北海道分割案」です。北海道の留萌と釧路を結んだ線から北側をソ連軍が支配する。

戦争に負けたドイツは東西に分割されました。朝鮮半島も南北で分割されました。だから日本も北海道を南北に分割し、北側をソ連が占領しようというわけです。この案はアメリカが却下したのですが、もしソ連の提案をアメリカが跳ねつけなければ、北海道の北側には「日本民主主義人民共和国」という国ができていたかもしれません。

ソ連軍に攻め込まれた北海道でも、乙女たちの悲劇がありました。日本最北の地、稚内。ここに９人の乙女の碑が、海の向こうに樺太を望む場所に建って

★日ソ中立条約　１９４１年４月締結。中立友好と、お互いの領土保全・不可侵を約束した。

います。そこには「皆さん、これが最後です。さようなら　さようなら」と刻まれています。

9人の乙女の最後の言葉

彼女たちは、樺太・真岡★郵便電信局の若き交換手たちでした。8月20日、突如、ソ連軍と日本軍との戦いが始まり、戦場と化した真岡の町。窓越しには弾丸が炸裂し、彼女たちの身に危険が迫ってきました。

当時、男性たちはソ連軍にことごとく殺され、女性たちは乱暴されたと聞いていました。ソ連軍に捕まったら、女性の尊厳が奪われると思った彼女たちは、青酸カリを飲み集団自決したのです。

死を覚悟し、交換台に向かい「皆さん　これが最後です　さようなら　さようなら」の言葉を残して。

ここがポイント!

- **スターリンの北海道分割案をアメリカが却下**
- **青酸カリを飲んで集団自決した「北のひめゆり」**

★真岡（まおか）　日本の領有下の樺太にあった町。樺太西海岸の中心都市で、戦前、日本最北の不凍港だった。

かつての真岡だった町の港。

「北のひめゆり」～樺太での悲劇

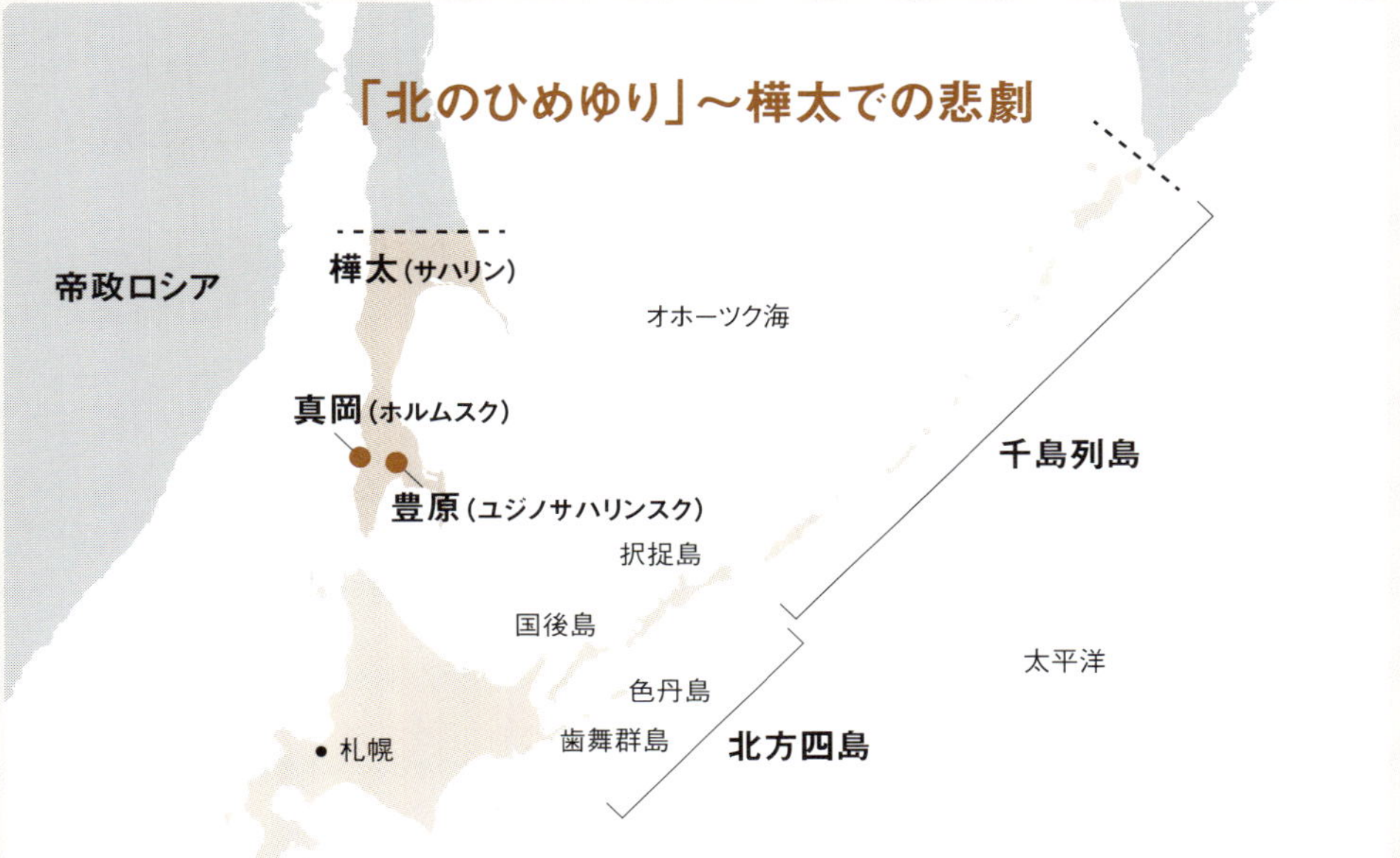

日本の領土時代に神社があった場所には、
戦車が飾られている。

第5弾の放送では、かつてのサハリン・真岡の町を取材。
戦前の工場がいまや廃墟となっている。

北海道稚内市にある
「九人の乙女の像」。
真岡郵便電信局事件で自決した
9人の電話交換手の慰霊碑。
「皆さん　これが最後です
さようなら　さようなら」の
文字が刻まれている。

若くして非業の死を遂げた学徒たち遺書や遺稿に心の叫び

『きけ　わだつみのこえ』という本をご存じですか。亡くなった学生たちを「戦没学徒」といいますが、その遺書や遺稿を集めたものです。

太平洋戦争時、日本はアメリカだけではなく、イギリスとも戦っていました★。日本軍は１９４１年12月10日、マレー沖海戦でイギリス艦隊に壊滅的な打撃を与えました。マレー半島はイギリスの植民地でした。いつイギリス軍がインド洋にやってくるかわからない。

そこで、約８０００人の日本兵が、このあたりの島を守っていました。木村久夫さんは、京都帝国大学在学中に学徒兵としてカーニコバル島に派遣され、通訳をしていました。多くの大学生たちが戦場へと駆り立てられました。

１９４３年10月21日、東京の明治神宮外苑競技場で出陣学徒壮行会★が行われました。秋の冷たい雨が降るなか、東京帝国大学を先頭に行進。両親や女学生らがスタンドをうずめ、ずぶぬれになって泣きながら見送りました。戦場に

★イギリスとも戦っていました　太平洋戦争では、アメリカとの戦いがクローズアップされることが多いが、南方戦線ではイギリスとの戦いが繰り返された。イギリス人のローレンス・ヴァン・デル・ポストの『影の獄にて』に収録された作品では、作者自身のインドネシアのジャワ島での日本軍俘虜収容所体験が描かれている。この作品などを映画化したのが、『戦場のメリークリスマス』（１９８３年、大島渚監督）。

行った多くの大学生は、帰らぬ人となりました。

亡くなった学生たちを「戦没学徒」といいます。その遺書や遺稿を集めた『きけ　わだつみのこえ』（１９４９年）という有名な本があります。戦争で散っていった学生たち74人のやり場のない苦悩が綴られています。ここに木村久夫さんの遺書も掲載されています。

「わだつみ」というのは海の神様という意味です。

東京・本郷にある「わだつみのこえ記念館★」には、直筆の遺書なども展示されています。死亡通知書などを見ると、いかに命が粗末に扱われていたかという気がします。しかし遺族はこれを遺骨の代わりにいとおしんだといいます。その遺稿の中で独特の光を放っているのが木村久夫さんの遺書です。木村さんは戦後処刑されました。日本の復興を思いながら、無念の死を遂げたのです。

カーニコバル島事件で、戦後B級戦犯に

木村さんはB級戦犯★に問われ、処刑されるまで戦後を垣間見ています。インド洋のカーニコバル島守備隊に配属された木村さん。英語に精通していた彼は、通訳として活躍していました。木村さんは英語だけでなく、現地の言葉も覚え、住民とも交流を深めたといいます。動力不足にはゾウ部隊が一役買って出ました。その大きな力もあずかって、工事は着々と進められました。

★出陣学徒壮行会　１９４３年10月21日、文部省学校報国団本部の主催にて東京・明治神宮外苑競技場で、出陣学徒壮行会が開かれた。東条首相らも出席するなか、約7万人集まったとされる。

★わだつみのこえ記念館　アジア・太平洋戦争における日本の戦没学生を中心としたあらゆる戦争犠牲者に関する資料の収集展示を行っている。東京都文京区本郷5丁目29－13赤門アビタシオン1階

★B級戦犯　１４５ページ参照。

ところが終戦間際にある事件が起こります。「カーニコバル島事件」です。イギリス軍機に信号を送っていた島民81人がスパイ容疑で日本兵によって処刑されたのです。木村さんは通訳として取り調べを行っていました。その際、拷問を行ったとしてB級戦犯の判決を受け、死刑判決。1946年5月23日、シンガポール・チャンギー刑務所で絞首刑が執行されました。

連合軍は戦犯をA級、B級、C級に分類。戦争責任者が罰せられたA級戦犯のうち死刑判決は7人。一方、現場の兵士が多かったB、C級戦犯は実に約1000人。木村さんもその一人だったのです。

木村さんの遺書にはこうあります。「日本の軍隊のために犠牲になったと思えば死にきれないが、日本国民全体の罪と非難とを一身に浴びて死ぬと思えば腹も立たない。笑って死んでいける」。それは、獄中で愛読した『哲学通論』の余白に、鉛筆で書き込まれていました。

ここがポイント!

戦争中、いかに命が粗末に扱われていたか

B、C級戦犯で罰せられたのは現場の兵士たち

木村久夫さんはB級戦犯に問われた。

戦犯のA級・B級・C級の本当の意味

太平洋戦争で
日本敗戦

1946〜1948年
極東国際軍事裁判

犯罪の種類

A級戦犯
侵略戦争を計画し、実行した
平和に対する罪

B級戦犯
病院を攻撃するなど
国際法の
交戦法規違反

C級戦犯
捕虜や一般人の
殺害・虐待など
人道に対する罪

戦犯で
処刑された人

1952年
日本の
主権回復
▶
戦犯の
解釈の
変更

公務死

1978年 A級戦犯を 靖國神社に合祀

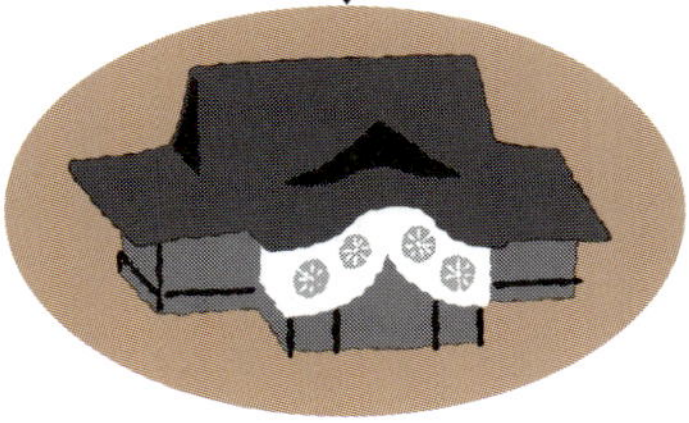

第5章
戦争の悲劇が
生み出した言葉
5

発表されなかったもう一通の遺書に痛烈な軍部批判が綴られていた

2014年、木村久夫さんの新たな遺書が見つかりました。その遺書に書かれていたこととは？　そこには平和を考えるうえで大事な言葉が綴られていました。

ところが最近、木村久夫さんの掲載されていない遺書が見つかりました。

木村さんは戦争が終わった後、生きていました。戦後に生きていたのにその後、B級戦犯に問われて死ななければならなかったのです。

日本がどのように復興するか、垣間見ながら死ななければならなかったことが、どれほど悔しかったか。

その木村さんの遺書とは『きけ　わだつみのこえ』で削除されていた部分です。そこには痛烈な軍部批判が綴られていました。

「日本の軍人、ことに陸軍の軍人は、私たちの予測していた通り、やはり国を滅ぼしたやつであり、すべての虚飾を取り去れば、我欲そのもののほかは何ものでもなかった。（中略）軍人社会、およびその行動が、その表向きの大言壮語にかかわらず､本髄は古い中世的なものそのものにほかならなかったことは、反省し全国民に平身低頭謝罪せねばならぬ所である。この（見るに堪えない）軍人を代表するものとして、東条（英機）元首相がある。さらに彼の終戦においての自殺（未遂）は何たることか、無責任なること甚だしい。これが日本軍人のすべてであるのだ。（中略）もしこれを聞いて怒る軍人あるとするならば、終戦の前と後における彼らの態度を正直に反省せよ」

つまり、彼も日本の軍人として戦った。ところが、戦争が終わってみたら当時の幹部の取り乱しようだったり、責任を逃れる態度だったり、それを見て唖然としたということが書かれていたのです。

カーニコバル島で木村さんが島民に対し、取り調べの際に拷問を行ったのは事実だとしても、それは上官の命令に従って行ったことです。彼はその責任を問われ、28歳の若さで処刑されるわけです。しかし、上官たちは重い罪に問われなかった。処刑を免れたのです。

部下を見殺しに、責任逃れをした上官たちが大勢いたのです。

日本の報道の自由度は高くない

国際的なジャーナリスト団体「国境なき記者団★」が発表した世界報道自由ランキング（２０１４年）によれば、１８０カ国中日本は59位です。

★国境なき記者団　１９８５年に設立された言論・報道の自由の擁護を目的としたジャーナリストによる非政府組織。本部はフランス・パリ。世界報道自由ランキングを発表している。

ここがポイント!

- **日本は報道の自由度ランキング180カ国中59位**
- **先人たちが悲惨な経験をしながらいまの日本がある**

２０１０年は11位まで上がったのですが、その後大きく下げてしまいました。その理由は２０１１年の福島第一原子力発電所に関する情報公開の不透明さが響いたのでしょう。情報が錯綜するなか、政府もオープンにするべき情報を隠していたということがあります。２０１４年のさらなるダウンは、特定秘密保護法が成立したからだと、国境なき記者団はいいます。

私たちは、日本は言論の自由があると思っていますが、海外から見ると、十分ではないということです。

誰もが平和を求めていることに代わりはありません。先人たちが悲惨な経験をしながらいまの日本があるということです。そして彼らはみんな平和を求めていました。私たちはどんな平和をつくることができるでしょうか。

木村久夫さんの遺書の言葉★を重く受け止めなくてはいけないのです。

★遺書の言葉　木村久夫さんの遺書の言葉。「せめて一冊の著述でもできうるだけの時間と生命が欲しかった。（中略）自由な社会において、自由な進歩を遂げられんことを、地下より祈るを楽しみとしよう。真の日本の発展はそこから始まる。すべての物語が私の死後より始まるのは誠に悲しい。遺骨は届かない。爪と遺髪を以てそれに代える。処刑半時間前　擱筆（かくひつ）ス」

そもそも「靖國神社」とはどんなところなのか？

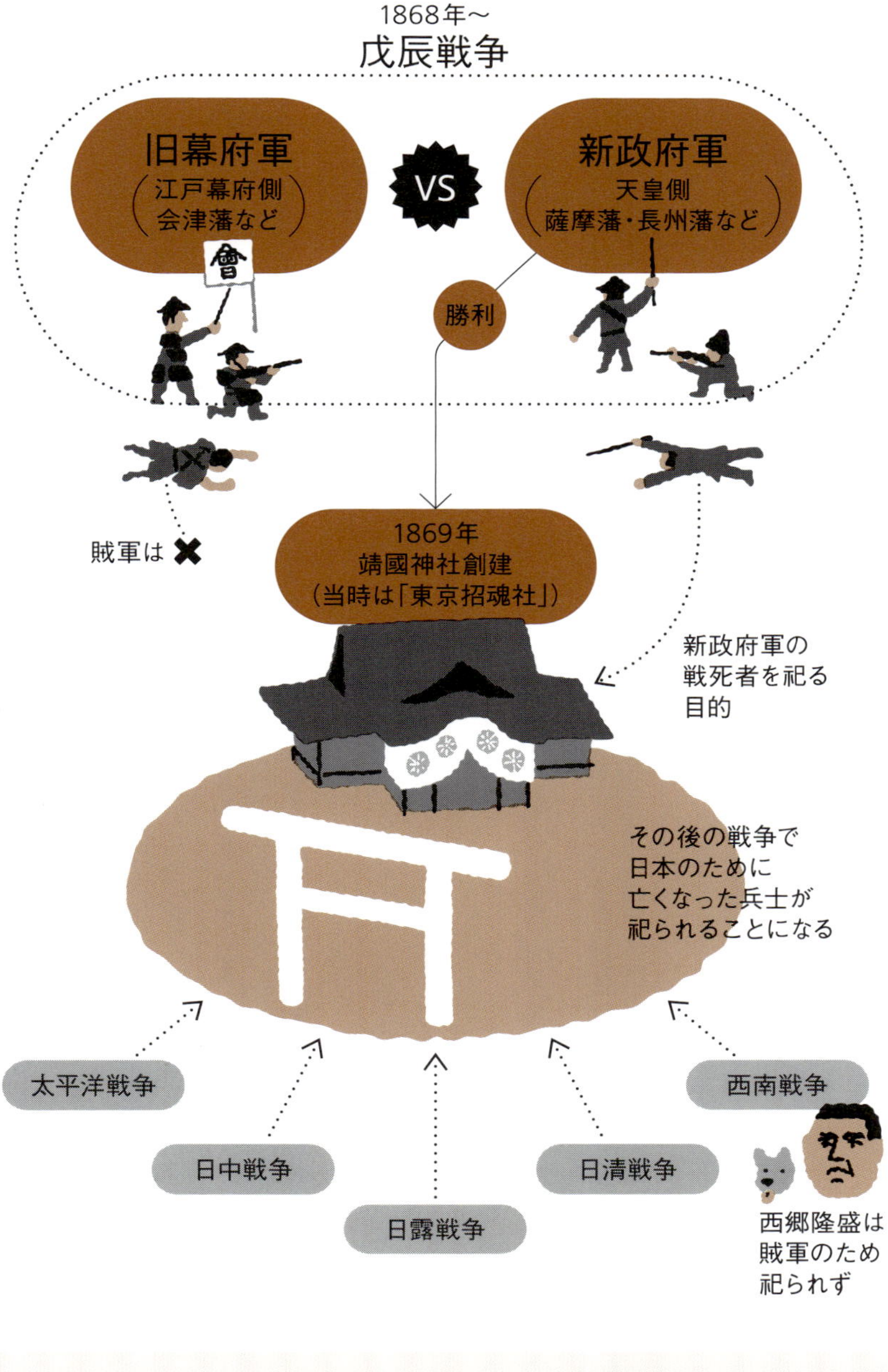

歌でたどる「戦争と平和」

「歌は世につれ、世は歌につれ」といいます。流行歌は貪欲なまでに、その時々の世相や風俗を映し出します。どんな時代的背景の中でその曲が歌われたのか、歴史に思いをはせてみてください。

夢の国「満州」への憧れ

1941年の真珠湾攻撃で、太平洋戦争が始まります。しかし、そこへつながる道のりとして、満州事変と日中戦争があります。

日本のアジア地域への覇権拡大政策。それは「歌」においては「大陸ものブーム」となって表れます。

1934年発表の『国境の町』は、当時、不況で閉塞感漂う日本を離れ、新天地・満州へ渡った日本人の心情を歌った曲。当時は国策もあり、多くの日本人が夢を求めて満州へ移住しました。しかし、行ってみると冬はマイナス30℃にもなる厳しい環境でした。島国で育った日本人が初めて「国境」というものを意識することにもなります。

このころはまだ、歌への規制はなかったのですが、1937年の日中戦争開始により、大衆音楽は軍歌へ移っていきます。

オキュパイド・ジャパン

日本が終戦を迎えたのは1945年。その後、サンフランシスコ講和条約が発効する1952年までの6年半にわたり、日本はアメリカの占領下にありました。

1948年にヒットした『異國の丘』は、極寒のシベリア抑留の強制収容所で、仲間を励ますためにつくられた歌です。1954年の『岸壁の母』は、旧ソ連による抑留から解放され、引揚船で帰ってくる息子を待つ母親の姿を歌った歌です。

敗戦時、海外に残された日本人は600万人余もいたそうです。彼らの心情を歌った名曲は多く、『あ ＞

※本記事は、雑誌『毎日が発見』（KADOKAWA）の2014年2月号、8月号に掲載した記事を再構成したものです。
http://www.mainichigahakken.net/

モンテンルパの夜は更けて』には、フィリピン・マニラ郊外のモンテンルパの丘にあった刑務所に収容されていた、日本人の望郷の念が込められています。

　童謡『里の秋』の歌詞は、みなさんよくご存じでしょう。しみじみと日本の秋の風景を歌った曲だと思いきや、3番の歌詞を聞くと驚きます。戦争で南の島へ行った父のことを歌っているのです。戦争が終わり、無事に日本へ帰ってくることを、母とともに祈る子の姿が目に浮かびます。1946年にヒットした田端義夫の『かえり船』は、復員兵たちの愛唱歌です。

　敗戦に打ちひしがれた日本人。1945年にヒットした『リンゴの唄』はそんな日本人の心に、明るい希望の灯をともしました。一方で、戦争への怒りを込めてつくられた曲もあります。『星の流れに』（1947年）は、敗戦直後の女性の悲惨な体験がベースになっています。

ベトナム戦争と学生運動

　ベトナム戦争は、世界史の大きな分岐点となった戦争です。戦後のアメリカを考えるうえでも重要です。

　日本は、アメリカの後方基地として協力しました。東京・王子の野戦病院には、ベトナムで負傷したアメリカ兵が次々に運び込まれてきました。遺体は横須賀に運ばれ、死に化粧を施してから本国へ戻ります。沖縄の嘉手納基地からは、毎日、B－52爆撃機が北ベトナムへ向けて飛び立って行きました。

　これに抗議する若者たちの反戦運動は、学園紛争と結びついて全国の大学キャンパスへと広がりました。

　パリのカルチェラタンでも、学生たちによるベトナム反戦運動が行われ、「五月革命」と呼ばれました。

　当時、新《しん》谷《たに》のり子が歌い話題になった『フランシーヌの場合』は、ベトナム戦争とビアフラの飢餓問題に抗議し、パリで焼身自殺した実在の女学生フランシーヌ・ルコントを歌ったものです。この時期、世界中で反戦歌が生まれ、若者たちは平和を訴えます。

　アメリカは当時、徴兵制で、高校を出て大学へ進学しない人は軍隊へ行かなければなりません（大学生は猶予）。ベトナムへ行けば生きて帰れないかもしれないのですから、若者たちが反発するのは当然です。『花はどこへ行った』。ベトナム戦争の反戦歌の象徴ともいうべきこの曲。ヒッピーたちは、道行く人たちに花を配って反戦を呼びかけていたことから「フラワーチルドレン」と呼ばれます。

ボブ・ディランの『風に吹かれて』、ピート・シーガーの『ウィー・シャル・オーバーカム』、ジョン・レノンの『ハッピー・クリスマス』『イマジン』など、平和を願うメッセージ色の強いナンバーが相次いで発表されていきます。

反戦への誓い

アメリカの反戦歌は日本の音楽にも影響を与えます。

フォークの神様といわれた岡林信康の『私たちの望むものは』や、森山良子の『さとうきび畑』、ジローズの『戦争を知らない子供たち』のように、ストレートな反戦歌がヒットする一方で、小室等と六文銭の『ゲンシバクダンの歌』や高田渡の『自衛隊に入ろう』などのパロディソングなども生まれました。風刺の精神で、権力に対してわかりやすいメッセージを伝える。こんな反戦歌も人気を呼びました。

その後も、RCサクセションの忌野清志郎や浜田省吾は、独自の反戦歌を発表していきます。

浜田省吾は広島県出身の被爆二世。彼は呉の高校に通いました。呉は広島、長崎に次いで、日本で3番目に被爆者が多い町。広島に原爆が投下され、きのこ雲が見えたので、救助に行った人が被爆したのです。

戦争に対する嫌悪感、平和への思いが強い町。にもかかわらず、呉は軍の町として栄え、現在も自衛隊の基地があります。彼の曲、『八月の歌』からは、複雑な思いが感じ取れます。

また、ラブソングのイメージが強いオフコースですが、『生まれ来る子供たちのために』は、ストレートな反戦歌といえます。この歌からは、〝未来への思い〟が感じられます。

悲惨な戦争を教訓に、私たちはどんな未来を築いていくのか。歴史の事実を検証することは大事です。しかし、未来志向はもっと大事なこと。

「許そう、しかし忘れまい」という言葉があります。「許す」という行為は非常に難しいものですが、賢者は「許すが、忘れない」。愚者は「許さないし、忘れない」のだと思います。

いまも世界では、戦争で亡くなっている人がいます。あなたも歌とともに歴史や世界に思いをはせ、未来を考えてみませんか。

第6章

あの言葉が世界を変えた!?

❶ 外交のキーパーソン
松岡洋右の狙いはどこにあった?

❷ ヒトラーが台頭したミュンヘン
ビアホールでの演説と熱狂

❸ 東西冷戦の真っただ中にいた
ケネディの言葉とは?

第6弾の放送で、ドイツ・ミュンヘンを取材。
上/ナチスが政敵や政治犯を逮捕し収容した
ミュンヘン郊外にあるダッハウ強制収容所。
左/ミュンヘンの旧ナチス党本部(現在は美術学校)。

第6章
あの言葉が
世界を変えた!?
1

外交のキーパーソン松岡洋右の狙いはどこにあった?

満州事変後、国際連盟を脱退し国際的孤立への道を歩むことになった日本。外交のキーパーソン、松岡洋右に迫ることで、戦争への道のりがより明らかになってきます。

満州事変が勃発したあと、日本は国際的に非難されることになります。孤立への道を歩むなか、外交の中心にいたのが時の外務大臣・松岡洋右でした。

松岡は13歳のときにアメリカに留学するなど英語に堪能で、外交官や外務大臣として、世界を相手にさまざまな演説を行っています。なかでも有名なのが、国際連盟での演説です。戦争へと突き進む日本の大きな分岐点となりました。

1933年2月24日、国連総会で行った「サヨナラ演説★」と呼ばれる演説で、日本は国際連盟から脱退することになります。

松岡の退場シーンは大きく報じられ、国民に大歓迎されます。しかし、帰国した直後、松岡は意外な言葉を残しています。「お詫びをいたします」と。松岡の使命は「満州国を認めさせたうえで、国際連盟にも残る」だったのです。

★サヨナラ演説　46分間に及ぶ反論演説を行ったが、満州撤退の対日勧告案は圧倒的大差で可決され、「極東に平和を保障し世界平和の維持に貢献せんとするわが国策のために、日本は断じてこの勧告の受諾を拒否する」と演説し、日本代表の松岡は退場した。

南満州鉄道★の副総裁でもあった松岡は、かつて「満州はわが国民の生命線である」と発言しています。なぜか。世界大恐慌の影響で深刻な経済危機に陥った日本。そこで広大な農地や資源を満州に求めたわけです。また、満州の先には大国ソ連がある。この脅威も感じていました。満州は日本にとって重要な場所だったのです。満州が日本の生命線であると信じて、政府も国民も世界からの孤立を選択したことになります。

松岡はその後、近衛内閣の外務大臣に就任し、歴史に残る外交を展開します。まず、1940年、ドイツ、イタリアと日独伊三国同盟を結びます。翌年、1941年、同盟国への挨拶という名目で松岡はヨーロッパに向かいます。移動手段に選んだのはシベリア鉄道でした。途中でモスクワに立ち寄り、スターリンに会います。ドイツ、イタリアを訪ねた後、再びモスクワに立ち寄りました。そこで、もう一度スターリンに会い、日ソ中立条約を結びます。

つまり、ドイツ、イタリア、ソ連といった大国と手を結ぶ。これだけの味方がいるのだということをアメリカに示し、アメリカを引かせたかった。満州での利権を守りながら、アメリカとは戦争をしないで譲歩させようという大胆な策だったと考えられるわけです。外交のカードの切り合いですね。しかし、日ソ中立条約締結からわずか2カ月後、ドイツがソ連に侵攻します。4カ国でアメリカに対抗しようという松岡外交はここに破綻したのです。

★南満州鉄道　1906年設立の半官半民の特殊会社。鉄道や、鉱山、製鉄業などを行った。略して「満鉄」と呼ばれる。

第6弾の取材で、松岡洋右のご子息・志郎さんにお話を伺った。松岡家秘蔵の三国同盟の際の写真集も。皇居前で、車を降りて土下座をした——これが志郎さんが記憶する父・洋右の印象的な姿だそうだ。外交戦略が破綻した松岡洋右の胸の内はいかばかりだっただろうか。

第6章

あの言葉が世界を変えた⁉

2

ヒトラーが台頭したミュンヘンビアホールでの演説と熱狂

20世紀最大の独裁者はどのようにして生まれたのか？　ヒトラーは決して力で権力を奪い取ったわけではなく、民主的な手続きで独裁者にまで上り詰めたのです。

ナチス・ドイツの独裁者アドルフ・ヒトラー。ヒトラーは、当時のドイツ国民の圧倒的な支持を受けて独裁者に上り詰めました。第6弾の放送では、ヒトラーが最初に行動を起こした町・ミュンヘン★を訪ねました。

1920年、ミュンヘンでナチスが結成されます。ミュンヘンといえばビール。ヒトラーは巨大ビアホールで演説を繰り返し、支持者を増やしていきます。1923年、ヒトラーは政権奪取を試み、武力蜂起します。ミュンヘン一揆と呼ばれるこのクーデターは失敗に終わり、ヒトラーは逮捕されます。8カ月の獄中生活の中でヒトラーは『我が闘争★』を書き上げました。

その後、ナチスは支持を集めていきます。1933年1月、ヒトラーは首相就任演説で、「わが民族の復活がおのずから達成されるとは思っていない。国

★ミュンヘン　ドイツ南部に位置するバイエルン州最大の都市で、州都。

★我が闘争　ヒトラーの著書。ドイツ帝国の復活、反ユダヤ主義、共産主義打倒で貫かれ、ナチス・ドイツの基本となった。

民自らが全力を尽くすべきである」「自由や幸福や生活が、突然空から降ってくると思ってはならない」と語ります。自分自身で行動せよ、ということです。

当時のドイツは、ヴェルサイユ条約での天文学的な賠償金、それに世界恐慌が重なって経済が壊滅的な状態にありました。ヒトラーは経済政策に力を入れます。ドイツの高速道路＝アウトバーンをつくったのはヒトラーです。大規模な公共事業で大量の雇用を生み出します。道路ができたら今度は車です。「国民車　フォルクスワーゲン」という構想を立ち上げ、国民に車に乗るという夢を与えます。国民はさらにヒトラーに熱狂していきます。ヒトラーは「平和を愛し、勇敢に行動せよ」とも演説しています。

ヒトラーは、「さらに権力を集め、こうした事業を進めていきたい」と、大統領と首相を兼ねる「総統」の地位に就きます。当時のドイツには、最も民主的といわれたワイマール憲法★がありました。ヒトラーはこの憲法の下、政府にすべての権利を与える「全権委任法」を成立させます。憲法を変えずに独裁者になったということです。合法的なやり方でヒトラーは独裁を実現したのです。

ナチスドイツの独裁が進むなか、くしくも、ミュンヘン大学から反ナチ運動★が始まります。当初優勢だったドイツ軍もやがて連合国軍の反抗にあいます。1945年、ドイツの敗北が決定的となり、ヒトラーは自殺し、ナチス・ドイツは崩壊。その後のドイツは徹底的にナチスに関わるものを禁じています。

ヒトラーの演説前の様子。神経質な動作にも見える。演説は、静かにたたずみ待ち続ける。すると、民衆は自然と静かになる。最初は静かに語りかけ、だんだんとトーンを上げていくというスタイルだった。

★ワイマール憲法　1919年に制定されたドイツ共和国の憲法。国民主権、男女平等の普通選挙など、当時、最も民主的といわれた憲法。

★反ナチ運動　第2次世界大戦中のドイツでの反ナチス運動のことを「白バラ抵抗運動」と呼ぶ。ミュンヘン大学の学生が6種類の反ヒトラーのビラを作成、配布し抵抗運動を行った。

ナチス・ヒトラーの足跡を追ってミュンヘンへ

ミュンヘンの北西15㎞ほどのところにある都市ダッハウに存在したナチス・ドイツの強制収容所。門扉には「労働が自由への道」と書かれている。

ヒトラーが台頭したミュンヘン。市役所前の広場から池上が解説。

ミュンヘン大学の前には、反ナチス運動でまかれたビラがモニュメントとして残されている。

日本のテレビとして初めて、ヒトラー総統官邸とナチス党本部をつなぐ地下通路を取材。驚くほど頑丈な書類庫があるなど、独裁国家の名残がいまもここに。

ミュンヘンの旧ナチス党本部は現在は美術学校に。

第6章
あの言葉が
世界を変えた!?
3

東西冷戦の真っただ中にいたケネディの言葉とは?

戦後世界は、アメリカ陣営とソ連陣営の対立、いわゆる東西冷戦が続きます。大国同士が直接ぶつかることはなかったものの、その代理戦争が世界各地で行われました。東西冷戦を振り返る中で、アメリカ大統領のジョン・F・ケネディの演説に注目してみました。

大統領就任演説（1960年1月20日）
「諸君が国家のために何をなしうるかを問いたまえ」

その後、ベトナム戦争に介入していくアメリカ。アメリカがベトナム戦争と深く関わるきっかけとなったのがケネディです。

「最終的にはこれは彼らの戦争だ。われわれは、軍事顧問団を送り、武器を援助することはできる。だが、勝つか負けるかは彼ら次第だ。アメリカは南ベトナムから撤退すべきだ、という人々には同意できない。それは大きな過ちになるだろう」

彼らの戦争としながらも、ケネディは南ベトナムから手を引かずに、軍事顧問団を増強しました。しかし、平和を訴える歴史的な演説もあります。

「（自由を求める）私こそはベルリン市民である」（1963年6月26日）

2001年、9・11同時多発テロのときに、ドイツで「私はニューヨーカー（I am New Yorker）というプレートを掲げる人たちがいました。これは、このときのケネディの言葉を受けていたのです。

東西冷戦で分断されていたドイツ、そしてベルリン。ケネディはベルリン市民にメッセージを伝えたのだ。
写真＝AP／アフロ

池上 彰（いけがみ　あきら）
1950年生まれ。ジャーナリスト、東京工業大学教授、愛知学院大学特任教授。2015年からは名城大学でも講義を行う。慶應義塾大学卒業後、73年にNHK入局。94年から11年間、「週刊こどもニュース」のお父さん役として活躍。05年に独立。角川新書『知らないと恥をかく世界の大問題』シリーズ、『池上彰の「経済学」講義』（歴史編・ニュース編）など著書多数。

テレビ東京報道局
2010年以降、毎年夏に放送される「池上彰の戦争を考えるSP」を制作。他にも「日曜夕方の池上ワールド」「池上彰のJAPANプロジェクト」「池上彰の選挙特番」などの池上彰番組を制作。
池上彰の報道特番　http://www.tv-tokyo.co.jp/ikegamiakira/

池上彰《いけがみあきら》の戦争《せんそう》を考《かんが》える

2015年8月10日　初版発行

著者／池上 彰《いけがみあきら》
　　　テレビ東京報道局

発行者／郡司 聡

発行／株式会社KADOKAWA
東京都千代田区富士見2-13-3　〒102-8177
電話 03-3238-8521（カスタマーサポート）
http://www.kadokawa.co.jp/

印刷所／共同印刷株式会社

ISBN978-4-04-731771-0 C0020